夢想與勇氣的新創富之旅——

打造你的菁彩人生

黃衍菁——著

推薦序

成就他人，成就自己

臺北市立聯合醫院和平婦幼院區 院長
許家禎

非常感謝黃衍菁老師帶動各位讀者的捐贈與支持，因為有黃老師與各位的付出，化小愛為大愛，在未來醫療的路上能夠幫助更多人，這是一份令人感動的傳承，讓我們看見民間力量的積極與溫暖。

從各角度來看，個人與團隊的緊密聯繫非常重要。正如書中所分享，成

功不僅源於個人的努力，更得益於團隊的支持與共同奮鬥。

無論我們處於何種階段，只要心有餘力，我們就應該開始貢獻力量，這是一個薪火相傳的過程；黃老師亦提到的：「當我們很弱小的時候，我們可以用閒暇的時間伸出援手。不要等到完全強大後才幫助他人，只要願意，就能找到幫助別人的方法。」這不僅是成就個人的過程，也是不斷學習成長的過程。

醫療行業與其他行業不同的地方在於「不可回復性」。生命的逝去無法挽回，因此我們必須在每個細節中保持警覺，並在困境中尋求突破。我們的團隊在疫情期間經歷了巨大的挑戰，過程充滿風險與挑戰，但正是在這種挑戰中，我們才能不斷成長。

從另外的角度來看，保險提供的是一種預防性的觀念與其他面向的支援，這個共擔生命未來的責任，想必也是壓力重大；也更加可見抗壓性與團隊能量的重要性。

黃老師保險業的奮鬥過程中，學會如何在壓力下與陌生人建立信任，並在逆境中拉拔團隊。這展示了個人與團體之間的互相成就：「個人幫助團體成長，而團體反過來又幫助個人進步」最終形成一個正向循環。

《打造你的菁彩人生》這本書正是這一理念的最佳詮釋，期待讀者在成長過程中找到力量；為所有正在奮鬥的讀者提供了寶貴的啟示，提醒我們：從今天起就為身邊的人貢獻力量。當我們為團隊提供支持，我們的成就也會在這個過程中不斷升華。

推薦序

推薦序

堅毅塑造榮耀
衍菁帶來的真實啟示

廣宸通訊處聯合創辦人
陳建霖

初次認識衍菁的那一刻，我彷彿置身於一場驚悚電影。這麼年輕的小女孩，看起來平易近人、無害可愛，卻展現出對事業的努力與積極態度，完全超乎我對她的初步印象。那種轉變就像一個看似人畜無害的小女孩，突然化身為大法師，讓我驚訝不已。

在與她共事的過程中，我深深被她的工作態度震撼，甚至感到難以置信：這真的是一個平凡的小女孩能做到的嗎？

然而，隨著時間推移，我逐漸明白，這不是奇蹟，而是一部激勵人心的勵志電影。她透過選擇、堅持和努力，從谷底翻身重生，最終達到榮耀，並且為社會做出了重要貢獻。

這本書正是記錄了衍菁這段非凡的旅程。她從平凡的背景中脫穎而出，展示了選擇與堅持的力量，用實際行動證明了努力終將獲得回報。

我相信這本書將成為初出社會的年輕人寶貴的指南，幫助他們在面對挑戰時找到方向和勇氣。而對於那些已經取得成功的人而言，這些經驗分享也必定能引發深刻的共鳴。

衷心推薦這本書，希望每位讀者都能從中汲取智慧和啟示，激發出無限的潛力。

推薦序

盡現無私與馨美

讀《打造你的菁彩人生》隨想

輔仁大學中國文學系　教授
孫永忠

第一次認識衍菁，就忍不住拿她的名字開玩笑。大一的她，禮貌地原諒我這冒失的老師。迄今，仍記那清澈溫柔的眼神。

這些年，看著她逐步發展事業，積極服務社會、造福人群，創建了自己名字的輝煌意義，本人十分欽敬。她感謝父母賜予令名，也不忘以真、善、美回饋社會，報答雙親，可稱是「無忝所生」，至孝的範式。

在累積多年人生體悟與事業實踐經驗後，她清澈溫柔的眼神中增添了成熟與自信。本著「已立而立人，已達而達人」的成人之美，出版《打造你的菁彩人生》。分享自己的馨喜，以期或能鼓舞讀者，也能積極成就自己的夢想。必須給予禮揚。

衍者，本有分布、推展之意。當自己有了菁彩人生後，誠摯地分享所有，衍菁已是無私與馨美的天使。

推薦序

人生的明燈，指引菁彩未來

推薦《打造你的菁彩人生》

上青集團　董事長
林金源

我認識衍菁多年，她總是給人溫暖而善良的感覺，無論是在生活中還是工作上，她始終秉持著助人的信念。她不僅熱衷於公益活動，經常捐助孤兒院和育幼院，甚至本次出版計畫所得用於捐贈救護車的大願，都非常感人。這些行動充分展現了她的愛心與責任感。這些特質使她的作品充滿真情，值得推薦給每一位讀者。

衍菁以豐富的個人經歷和對生命的深刻理解，將人生的101個夢想寫進了她的故事裡。她的創作理念是希望透過文字分享這些經驗，幫助更多人找到屬於自己的方向。年輕時，她勇敢地出國深造，將優秀的保險制度帶回國內，創造了事業的巔峰。這本書《打造你的菁彩人生》正是她多年來不懈努力的結晶，細膩呈現了如何一步步完成目標的實戰經驗，教會讀者如何做出正確的生涯規劃，從而達到屬於自己的高峰。

在我的眼中，衍菁是一個做事能力極強且富有創意的人，她總能在困難面前迎刃而解，並將一切困境化為成長的養分。《打造你的菁彩人生》猶如人生航海中的燈塔，指引著我們的方向與目標，無論你是初入職場的新人，還是在生活中尋找突破的夥伴，這本書都能帶給你深刻的啟發和無限的可能性。我深信，透過這本書，能讓每一位讀者的人生更加精彩、充實。

我誠摯地推薦這本書，希望它成為你前行路上的明燈。

推薦序

她的暖心，成就讓台灣更好的力量

仁一生醫　董事長夫婦
楊凱進、趙珮君

認識衍菁夫婦已十餘年，一直看見他們兢兢業業的努力，不僅為客戶提供優質的服務，在需要時也能夠給予人生各種層面的協助及人脈存摺的轉介，成為他們的好朋友及客戶真的很安心與放心！

這次看見衍菁出書，我們以她為榮，尤其將全數所得捐救護車這樣的暖心善舉，更是為我們所推崇，這本書探討的是創業故事，是生涯規劃；是夢想啟動與實踐，是心靈雞湯，是公益推廣……

這與我們夫妻年輕創業至今支持公益回饋社會的理念不謀而合，願所有人都能一起努力成為台灣最堅實的力量！

推薦序

用專業豐富生命 以靈性成就價值

《光的課程》系列書籍 譯者

杜恆芬

二〇一六年的秋天，我與衍菁相識於美國紅木公園，因有好友在團中，我便與他們一起去走走。初見衍菁只知她是保險從業人員，看著她年輕、小小瘦弱的身子，似乎是剛進入保險業，當時我正在考慮處理年底回台灣健檢相關事宜，衍菁提供了很多保健與體檢資訊給我。

回台後看見報紙媒體討論高齡化照顧需求，我想深入了解，心想這種簡單的保險不需要資深人員來處理，便隨口問她相關事宜，我想對她來說，這只是一個小小的保單，她大概會叫手下的人來處理，沒想到她下班後親自跟我詳細解說，這種敬業令人佩服她的專業精神，便又問了一些其他規劃退休生涯的方案。就這樣，多年來她與團隊總是熱心的協助許多大大小小的事，並超越期待地將事情做到圓滿，讓我感受到他們專業服務的溫馨，我們也因此從客戶成為朋友。

然而，從一般客戶到深厚情誼，主要還是因她有著高於一般人的「靈性意識」以及尊重客戶與朋友的涵養。現在她把這近十年的靈性領悟落實在她的職業生涯與生活中；將自己的使命與工作結合，幫助別人實現價值，即「用保險豐富生命品質」；「給予家人力所能及的保障」。

祝福她和團隊發揮他們的影響力，協助他們的客戶臻致「幸福快樂的人生」。

推薦序

用智慧與熱忱開創美好未來

南山人壽大興通訊處 處經理

鍾復興

初次認識衍菁時，就被她那充滿熱情與企圖心的個性所吸引。她擁有極強的抗壓能力，面對挑戰時總能迎難而上，並不斷超越自我，成為更好的自己。這樣的毅力與決心讓她在事業上展現非凡的表現。

然而，最讓人敬佩的，並不只是她的個人成長，而是她如何將未來的生命投入在幫助他人之上。衍菁相信「保險改變守護世界」，她的目標是將合適的保險產品掛在每個家庭的門上，守護每一戶人家免於生活中的不測風險。

此外，她將自己在保險業的專業智慧與熱情結合，發展出「公益保單」的概念，透過此舉為公益團體找到穩定的財源，為社會帶來更多正面的影響，進而守護國家未來的主人翁——我們的下一代。

相信衍菁的這份熱忱與無私奉獻，將持續為社會帶來光與希望，也祝福她在這條充滿愛與使命的道路上，創造更多美好的故事。

作者序

作者序

點亮幸福與光同行

現在的你幸福嗎？
這一生你帶給多少人幸福？
有多少人因為你而感到幸福？

《打造你的菁彩人生》是我創業成長的心血結晶。每個人生都可以充滿精彩，而精彩的程度因人而異。但若我們能成為一個對他人有貢獻的人，這一生的精彩將無與倫比，帶來無比的美好與幸福。

「捐救護車」是我「101人生夢想」之一。許多人好奇為何我想捐救護車，沒有任何沽名釣譽或稅務優惠的考量，而是因為一段刻骨銘心的經歷：

還是學生時代的我，有一次在南陽街昏倒。醒來時，我已在醫院的急診室，醫師告知一切無礙，可以離開。我當時心生憂慮，小心翼翼地問救護車的費用，卻得到一個溫暖的回應：「妹妹，不用錢喔，這台車是由一位老奶奶捐贈的！因為這台救護車曾救過她家人垂危的生命。」

這句話在我心中種下了一顆溫暖的種子，感動如漣漪般盪漾不已。我告訴自己：若有機會，我也要在生命的緊要關頭，為他人延續生命、提供照護。

因為受邀出書，我決定將本書的所有所得分毫不取，並發起「耶魯愛絲一號救護車」計畫，邀請一萬人一起參與，讓每一份微小的力量匯聚，成就這項善舉。每台救護車上都會印有QR Code，記錄並感念每一位捐贈者的愛。

捐贈的旅程並不容易。團隊逐一聯繫消防局和醫院，最後得知和平醫院急需一台具備高規格的救護車。在與院方洽談後，我們決定將這份愛的種子灑落在和平醫院。

衷心感謝曾經幫助過衍菁的所有人。❤

也感謝每一位參與「耶魯愛絲一號救護車」的你。

這個世界因為有你，而變得更加美麗。

本書獻給所有希望追尋不凡的你，願這本書的內容能化為深切的祝福，幫助你前行的路上有光隨行。

黃衍菁

目錄

推薦序　臺北市立聯合醫院和平婦幼院區院長　許家禎　2
推薦序　廣宸通訊處聯合創辦人　陳建霖　6
推薦序　輔仁大學中國文學系教授　孫永忠　8
推薦序　上青集團董事長　林金源　10
推薦序　仁一生醫董事長夫婦　楊凱進、趙珮君　12
推薦序　《光的課程》系列書籍譯者　杜恆芬　14
推薦序　南山人壽大興通訊處處經理　鍾復興　16
作者序　點亮幸福，與光同行　20

第1章　菁驗篇

從零開始，創造屬於自己的高峰。

第2章　菁力篇

從平凡到卓越，堅持打造力量非凡的自我。

第3章 菁奇篇

實現101個夢想的力量。

第4章 菁營篇

打造影響力與卓越團隊的絕妙心法。

第5章 菁心篇

以保險之初心，勇於改變世界。

結語與邀請

第1章

菁驗篇

從零開始，創造屬於自己的高峰。

想要過什麼樣的人生，就努力成爲那樣的人。

「我從來沒有想過她可以，我以為她會陣亡。」這是我升任經理時，主管在慶祝酒會上的感嘆。確實，我天生似乎不適合做保險，擁有許多可能會「陣亡」的條件；但同時，我也具備了一個能在保險業閃閃發光的特質：那就是拼盡全力，讓自己成為一個適合這行業的人！

從一個為了生存而拼命掙扎、在陣亡邊緣徘徊的保險新手，到如今在精華地段擁有自己的優秀團隊，成為處經理，這一路走來絕非輕鬆。當初，我謹慎地面試了七家保險公司，最終選擇了如今的企業，並以超越常人的努力迎接挑戰。

三十歲時，我創立了自己的通訊處，外界總以為我的事業順風順水，但只有我自己知道，為了協助客戶實現夢想，為了引領團隊成長，這條路上經歷了多少常人難以想像的考驗和困境。無論再怎麼辛苦，「放棄」這兩個字從未出現在我的字典裡。

人生不僅是選擇合適的道路，更是要在所選之路上，不斷栽培、充實自己。

選定人生方向後，以「紀律」與「勤奮」灌溉，終能有所收穫。那個曾經沒有家世背景、缺乏口才與人脈，甚至一度認為自己不適合保險業的小女孩，如今成為全國各項榮譽榜上的常客，擁有自己的團隊、幸福的家庭和豐盛的生活，並以自身的力量影響並改變更多的人。

至今，昔日的小女孩雖然已經成長為獨立自主的女王，卻始終堅信：「想要過什麼樣的人生，就努力成為那樣的人。」

1．1

轉角遇見幸福

生命因此不同

每一個年輕的生命都曾經在徬徨中摸索前行。順利到達目標固然值得慶幸，但那些曲折和顛簸，往往才是生命中無法預期的禮物與祝福。

「詩應始於歡娛，而終於智慧。」這句話來自美國詩人羅伯特．佛羅斯特（Robert Frost，一八七四～一九六三），既是他的信念，也是他詩作的精髓。他的詩語言樸實而意境深遠，透過簡單的文字傳達深刻的哲理，閃耀著智慧的光芒。我特別喜愛他那首膾炙人口的《未走之路》（The Road Not Taken），詩中描繪了旅人在森林中面對岔路、徘徊不前的心情，這正如我們在人生的岔路口面對重大抉擇時的糾結與猶豫。然而，詩的結尾卻展現了作者的果敢，他毅然選擇了那條人跡罕至的路，最終走向了一個截然不同的未來。

這首詩鼓勵我們信任並支持自己的選擇。每次讀到這些詩句，我總心懷感激，是它的智慧之光引領我在猶豫於教職與保險之間時，獲得了下定決心的力量。正是這份勇氣，讓我選擇了那條較少有人踏足的路，從而開啟了無法預料但豐盛無比的人生。

原來人生可以有不一樣的選擇：打開眼界

在求學階段，我和大多數年輕學子一樣，為了學業而努力奮鬥，但與眾不同的是，我還得在學業與生活間奔波，努力賺取大學所需的生活費。在大學的四年間，我的生活總是忙碌且充實，同時兼任四份工作：在補習班教課、在賣場推廣商品、協助某政黨編撰黨報，還有接案撰寫工作，這些努力才讓我每月賺得四萬元收入。

The Road Not Taken 未走之路

Two roads diverged in a yellow wood
黃樹林裡岔開兩條路
And sorry I could not travel both
可惜我不能同時涉足
And be one traveler, long I stood
身為旅人，我駐足良久
And looked down one as far as I could
極目眺望一路之盡頭
To where it bent in the undergrowth
直到它彎沒在叢林深處

Then took the other, as just as fair,
然後我選了另一路，同樣合理適當、同樣美麗誘人
And having perhaps the better claim,
也許它給我更好的選擇理由
Because it was grassy and wanted wear;
因為那條路野草繁茂且渴求人跡
Though as for that the passing there
雖然我行經這條路上
Had worn them really about the same,
卻與另一條相仿，人跡杳然

And both that morning equally lay
那日清晨兩路並置眼前
In leaves no step had trodden black.
覆於落葉之下未經屨踐
Oh, I kept the first for another day!
噢！我把第一條路留待他日吧！
Yet knowing how way leads on to way,
然深知道路條條相連
I doubted if I should even come back.
恐怕我難以再重返此地

I shall be telling this with a sigh
我將嘆聲敘說這段經歷
Somewhere ages and ages hence:
在多年、多年以後的某地某個時刻
Two roads diverged in a wood, and I—
敘說我曾行經樹林中兩路分岔，而我—
I took the one less traveled by,
我踏上了乏人問津的那條
And that has made all the difference.
而這造就截然不同的人生

這樣「打工天后」的生活，不僅讓我賺取所需的金錢與累積寶貴的工作經驗，更磨練了我如何在學業與工作的時間安排中取得平衡，為未來的人生打下了堅實的基礎。

畢業之後，我和台灣數十萬名應屆畢業生一同來到了人生抉擇的分叉路口，究竟要選擇升學還是立刻就業，一向學業與兼職兩不誤的我，也很掙扎。

在那個教師薪水都還不及我打工收入的年代，我猶豫自己到底是要跟著多數的同學一樣，藉由教師甄試的管道成為一名在杏壇作育英材的教師？還是繼續取得碩士畢業資格，在薪水的起點上更勝一籌？

想到研究所畢業後，至少能為自己在教職爭取每月五千元的加薪，我決定勇敢投資未來，將所有積蓄投入研究所補習班。這是人生中的一個重大抉擇，這個決定彷彿為自己的未來指引了方向。下定決心後，我暫停了手邊的打工，全心投入課堂學習和考試準備，只為朝著目標全力以赴。

幾週之後，同學約我去逛夜市，碰巧遇到保險公司在夜市擺攤賣儲蓄險，他們宣稱只要每個月存一千元，每隔兩年便可以領回一萬二千元，同學聽到之後相當心動，立刻想要購買保單，而我則是站在他旁邊用力勸退他的人，我不斷提醒他，要多多考慮，不要輕易便簽下這必須要付二十年保費的合約。任誰也沒有想到在最後選擇進入保險業的居然是我，不但開創一片天，甚至「用保險守護與改變世界」成為自己終生奉行不悖的理念。也因此我常對夥伴說，不要小看任何一次面談，一次意想不到的面談很可能就永遠改變了一個人的一生。

回想起自己進入保險業的初衷，不過是一次非正式面談的結果。那時因為天氣炎熱，當時的主管邀請我和同學共飲下午茶，短短一個多小時的對話卻深刻地改變了我的人生。記得當我們正享受著果汁、飲料與蛋糕時，主管忽然開口：「妹妹啊，我覺得你還是不要去念研究所吧！我自己也是政治系畢業的，但也沒從事政治相關的工作。研究所課業繁重，還要應對導師隨時召開的會議，你可能連打工的時間都擠不出來。」他的話雖直白，但也瞬間點醒了我——念研究所後，我可能再難以如大學時兼顧課業與收入，這潛藏著我未曾考慮到的風險。

「來我們公司吧，只要三年就能培養你成為專業經理人。」專業經理人？

這從來不在我的人生規劃中。我的中文系背景讓我對數字不太感興趣，這樣的提議似乎與我的理想格格不入。然而，當他說「只要三年，你就能成為專業經理人，年薪可達兩百萬」時，我的興趣被瞬間激起。主管進一步說明，即使對保險一竅不通也沒關係，公司有完整的培訓流程，會從零開始帶領新手上路，最終不僅能達到兩百萬的年薪，還會擁有自己的專屬團隊。聽到這裡，我心中開始泛起了波瀾。

小時候，父親為了養家經常身兼兩份工作，他勞累的身影深深烙印在我的記憶中。我一直告訴自己，有朝一日要讓父母無憂無慮、安享晚年。

雙親常說他們最大的遺憾，是未能提供更好的環境培養我們，但我總是認真地告訴他們：「我會栽培自己！」並希望他們放下心中的牽掛。而藏在我心底的另一個夢想，是有一天能夠出國深造，完成自己的人生理想。

一個從零開始，卻兼顧夢想與現實的選擇

當時，我便對主管坦言自己想出國深造的念頭，本以為他會因此卻步，沒想到他笑著對我說：「沒問題的，只要當上專業經理人，不僅可以擁有兩百萬的年薪，還能擁有自己的團隊。只要提早規劃好，出國深造的計畫絕對可行。」他甚至表示，在我出國期間，他會協助照看我的團隊，薪水也不會中斷，他和團隊會在崗位上等待更好的我充電歸來。這場偶然的下午茶打開了我的眼界，讓我明白原來還有這樣的選擇。

付完研究所補習班的學費，我已經身無分文，卻還是在當下點頭決定進入保險業，成為其中一員。這樣的決定確實有些衝動，但我勇敢選擇了業務工作，參與專業經理人計畫，並不是僅為了自己，而是希望能讓辛苦一輩子的父母過上更好的生活。

然而，我心中始終憂慮，自己成功的速度趕不上父母年邁的腳步。無論是打四份工的「打工天后」還是成為教師，都難以實現我心中的夢想。雖然主管提出的計畫聽起來好得有些不真實，但它的結果正是我所渴望的，於是我下定決心，給自己一年的時間來挑戰這看似不可能的任務。

為了以防萬一，我請研究所補習班幫我保留兩年的學籍，將所有精力投入保險事業。如果真的不適合，大不了再回頭當老師。留好了後路，我便義無反顧地向前衝。如今，在努力和制度的支持下，我已達成年薪千萬的成就，這一路走來，我心中充滿感激，感謝所有在我身邊支持和幫助我的人。

但當時我只知道我想要，卻沒考慮到我是否適合這個行業。畢竟我在大學裡的多數時間，扣除上課與唸書，就是去打工，也缺乏「培植人脈」的意識。每當工作結束後，第一件事就是刪除手機上的聯絡人，我認為只要家人、至親能透過手機隨時找到我就夠了，並無覺得不妥。等到進入保險業才發現要有客戶啊！然而我的客戶在哪裡？我的手機電話簿怎麼只有二十個人？SOS 警示燈亮起。

不僅手邊沒有客戶，當時的我口才也不出眾，這樣的我，怎麼會有人想跟我買保險？意識到自己的能力與目標之間的差距，我不斷質疑自己：真的適合嗎？真的可以嗎？真的做得到嗎？內心的失落感揮之不去。

坦白說，如果我是當初的主管，也會覺得這個生澀的小女孩可能撐不過初期評量。可以說，從踏入保險業的那一刻起，我便處於「先天不良、後天不利」的窘境。職業的急轉彎帶來的巨大不適應，讓焦慮與恐懼在心中盤旋。我唯有用更多的努力與投入，才能讓自己撥雲見日。

幸運的是，當我還不知業績在哪裡時，對我照顧有加的主管，在生活和工作上都用實際行動支持我，讓我得以繼續努力。我心懷感恩，沒有他的相挺扶持，就沒有今天的我。

雖然一開始我並沒有全面考慮自己是否適合這份工作就一腳踏進來，但那又如何呢？我會努力栽培自己，讓自己成為這條道路上適合的人選！

堅定自己所選擇的那條路，
當境況不如預期，
請別輕易放棄，努力尋找出路，
因為真誠明智的努力絕對不會白費。

1・2 付出才會傑出

自律是成功的第一步

「試試看」有很多種，有「隨便試試」，也有「窮盡一切方法地去嘗試」，而我，屬於後者。我是一個重承諾的人，當我決定給自己一年的時間去試試看，這並不是隨口說說，而是認真去實踐。正如哲學家尼采所言：「每一個不曾起舞的日子，都是對生命的辜負。」而我認為，在保險業，業務員沒有自律的日子，就是對保險事業的辜負！

做為一個新人，我每天從基隆騎二十三公里的機車到公司參加晨會。每當晨會結束時，我總能聽見身後傳來「喀！喀！」的聲音，那是資深前輩坐在茶几前扭開瓦斯爐的聲響。辦公室裡的前輩們對我這個剛入行的小妹妹格外照顧，經常請我喝茶或分享美味料理。

有一次，一位大哥在煮水泡茶時，慢條斯理地對我說：「妹妹啊！我們這些坐著泡茶的，屁股下可都是有兩百萬當坐墊的人吶！快點出去，不要跟我們泡茶開講，不然妳會陣亡哦！」大哥們半開玩笑的話語，精確勾起了我內心的不安。每當那聲「喀」響起，我就感到焦慮，因為我甚至還不知道客戶在哪裡，而兩百萬的目標對我來說遙不可及。

我也深刻意識到，一個人的努力之路是孤獨的，單槍匹馬很容易被挫折和壓力擊倒。為了不成為陣亡者，我決定尋找同伴一起拼出兩百萬元年薪，並肩作戰，共同成長。

幸運的是，我與另一位新人同事組成了「做七就回家小組」，每天制定「開門七件事」，互相督促必須完成這七件事才能回家休息。

就這樣，我們持續努力了兩年，每天堅定地告訴自己和對方：絕不能在這行業中陣亡。最終，在相互扶持與鼓勵下，我們不僅擺脫了陣亡的陰影，後來更成功晉升為經理級主管！

決定命運的不僅僅是性格，更關鍵的是一個人習慣的養成。微小習慣的累積，最終將帶來豐碩的成果。有段時間，《原子習慣》這本書廣受歡迎，書中闡述了行動是由許多微小習慣所構成，建立良好的習慣與系統能改變一個人的行為，而改變行為就能改變命運。

習慣的力量可以連帶引發其他爆炸性的成長。在保險業，每天早晨的晨會、參與課程及訓練，就是建立習慣的最佳開端。

業務討論 case study

保險業務員每天面對的挑戰比許多其他行業都更艱巨，而學習是解決問題的最佳途徑。因為學習是為了修正方向，只有在工作中能夠解決問題，才能不斷前行。

開門七件事順序篇（業務小白日程表）		
1	08：30～9：00	業務討論 case study
2	09：00～10：00	進修一小時（上晨會）
3	10：00～12：00	打 20 通以上的開發電話
4	12：00～16：00	拜訪 5 個客戶
5	12：00～16：00	談一份建議書規劃
6	早中晚消費對象	認識 3 個新朋友（陌生開發）
7	每日最後功課	寫 3 封開發信（Line）

業務討論的目的是修正錯誤方向，否則，即使錯誤的方式持續執行，也只會得到錯誤的結果。

過去，我主動要求主管每天撥出半小時與我討論前一天遇到的問題。即使主管自己無法給出建議，他也能為我找到適合的名師指導，這奠定了我的實戰基礎，並深刻影響了我現在的團隊管理風格。

當我還是保險新手時，與主管一對一的討論大多集中在前一天的問題和當天行程的演練。

成為經理後，因為團隊成員增加且時間有限，我採用一對多的小組討論方式（每組不超過五人），著重於成功案例分享和當天的行程安排。這樣我能夠掌握全局，給予適當的建議。如果有成員需要進一步的指導，我會在會後安排個別討論，以維持會議的品質和效率。

進修一小時：上晨會的重要性

我認為，成功經驗的分享至關重要，遠比任何激勵雞湯更具實際效果。成功的分享能有效鼓舞團隊士氣，成員能從中體驗到，只要跟隨成功夥伴的步伐行事，就有機會達成目標。每天晨會中，看到有人成功達標，是多麼激勵人心的事！資深夥伴更像是生活中的萬事通，他們的成功帶領大家共同練習，無論是陌生開發還是商品說明，透過實戰演練來提升成交率。

除了內部同仁的成功案例，團隊還會定期邀請各行各業的成功人士到通訊處演講。「站在巨人的肩膀上看世界」讓我們能看得更遠、更清楚。透過觀看、學習、練習成功經驗，我們一起成為成功的人！晨會中安排各領域的專業講座、保險業的成功分享與讀書會，不僅是團隊成長的養分，更是每天專業知識的積累與提升。

每日二十通以上電話、五次面訪及一份建議書

在晨會前，我與主管進行了Case Study—PEP（活動量管理系統Performance Evaluation Planning）的討論與進修，接下來的重點是將所學應用於客戶經營與陌生開發中。

我為自己設立了一個每日目標：每天撥打二十通以上的電話，透過電訪邀約五位客戶上門拜訪，並在這五次拜訪中談及至少一份建議書。

「五訪」這個數字的設定並非隨意，而是根據國際壽險行業的「十、五、三、二、一法則」：每約訪十個人，會有一個人願意與我見面；在願意見面的五人中，會有一人對保險內容有興趣並進一步討論；在三位願意討論細節的客戶中，將有一人完成保單規劃並正式送件；在送件的二位客戶中，會有一人成功完成核保和簽收。

這正是保險業廣為流傳的**「10：5：3：2：1 定律」**。

在篩選電訪對象時，我會集中在自己想經營的專業群體。例如，當初我希望經營「師」字輩的專業人士，所以電訪的對象集中在律師、教師、建築師和設計師等職業。我希望每一通電話都是有效的電訪，因此絕不盲目隨機撥打。

我認為電話拜訪應鎖定高產值的專業人士名單，例如律師公會、珠寶公會、牙醫公會、建築師工會及中醫師公會等。這樣的策略不僅提高了約訪的成功率，也保持了健康積極的心態；即使未成為客戶，這些成功人士也可能成為生命中的朋友，帶來不同的學習與成長。

此外，我安排的陌生開發不僅僅是為了成交，更是為了訓練膽量與勇氣。每周一、三、五的下午，我會利用兩個小時在百貨公司、溜冰場或其他公司行號等具有明顯族群特色的場所進行陌生開發，專注經營特定族群。明確的目標加上良好的時間和動線管理，效果顯著。

剛入行時，客戶分布東南西北，為了在有限的時間內最大化觸及客戶，「時間安排」和「路程規劃」顯得尤為重要。我會根據客戶地址安排路線，將同一地區的拜訪集中在同一天，即便是同一條路段，我也會按照順序拜訪，從第一段到第四段，藉此節省往返時間，將時間效益發揮到最大。

三個新朋友名單及當日即時聯繫

持續拓展名單，才能不斷開發新客戶。除了固定的每日五次面訪，我還給自己設定了另一個目標：「每天認識三位新朋友」，這是在人脈網建立和擴展中非常重要的一環。這些新朋友的定位是「幫助累積準客戶數量，但不刻意強求的緣分」。

例如，業務員經常外出用餐，結帳時，我會順手遞上名片：「老闆，你的東西真好吃！我想推薦給我們的團隊和客戶。您有接受團體訂單嗎？我們公司就在附近，平時公司團餐或活動訂餐都由我來處理，未來可以跟您訂餐。」以這樣自然的互動方式與老闆結緣，不僅輕鬆愉快，也能快速建立起信任。認識只是開始，而非結束。我每天還會寫三封開發信或發訊息給這三位新朋友，持續維繫並加深印象。

結論：簡單事情重複做就是業務基本功

簡單的事重複做，就會成功。最初的兩年間，我累積了百餘位客戶及數萬名準客戶名單，不僅幫助我穩定了腳步，擺脫了陣亡的陰影，此後更是有源源不絕的客戶因為信任而自發性地替我轉介紹。如今，即使我不再進行陌生開發或參加任何社團，仍能有源源不絕的轉介紹。

我親身實踐的「開門七件事」，是每一位保險業務員的基本開發功課。即使每天不論多晚，都要堅持做完這七件事，這對新人來說是對意志的磨練，特別是在看不到業績和未來的低潮階段，我也曾一度想要放棄。但我告訴自己，一定要堅持下去，做就對了！我不會質疑這些做法是否有意義，我只知道，堅持就一定會有結果。

靠著這七件事，我不僅奠定了穩固的客源基礎，也提升了陌生開發的能

菁實 7×7＝開門七件事×每週七開發

開門七件事	
1	業務討論 case study
2	進修一小時（上晨會）
3	打 20 通以上的開發電話
4	拜訪 5 個客戶
5	談一份建議書規劃
6	認識 3 個新朋友（陌生開發）
7	寫 3 封開發信（Line）

每週七開發	
第一年	第二年
週一：百貨專櫃小姐開發	工程師
週二：複訪	複訪
週三：公司行號團險開發	教師團體說明會
週四：複訪	複訪
週五：溜冰場的跌倒開發	補教企業主
週六：參加團體課程	團體課程
週日：緣故客戶經營	緣故客戶經營

力，並學會了如何設計和規劃更完善的保障建議書。後來，我進一步挑戰自我，為一週七天設定固定的執行目標，不斷循環和強化，打造出現在這個永不陣亡的精實體質。

至於「開門七件事」是如何規劃的？其實很簡單，這是為保險新手量身定做的。要在保險業成功，基本的要素只有三個：學習、修正、不斷新增準客戶。

晨會是邁向成功的第一步，如果連鬧鐘都無法打敗，還能打敗什麼？

打造好習慣，系統性優化自己，小白也能擁有一片天。

附註

國際壽險經營客戶 10：5：3：2：1定律

・約訪10：1
・面訪5：1
・提供建議3：1
・受理2：1
・簽收1：1

業務活動量管理是最基本的自律，若能做好業務活動量管理的五個步驟，有效掌握壽險經營客戶10：5：3：2：1定律，就能夠發揮行銷最大的效益。

業務活動量管理五個步驟＝推銷六大步驟總和

業務活動量管理五步驟				
10：1	5：1	3：1	2：1	1：1
約訪	見面	建議	受理	簽收
step 1	step 2～4	step 4～5	step 5	step 6

推銷六大步驟
1. 組織準客戶 2. 接觸 3. 建立普通問題 4. 建立個別問題說明人壽保險是最佳解決方案 5. 激勵成交 6. 售後服務 & 轉介紹

業務活動量管理五步驟

step 1：

約訪10：1＝十個約訪
有一個可以見面

基本上從事業務的首要任務是「組織準客戶」，亦即列出可以拜訪的名單。

剛從事保險業，在沒有背景也沒有人脈的情況下，我所做的事情是想像自己乘坐時光機回到從前，將從小到大和自己有關係的人都列出來，即使現在沒有常常聯繫，我也會將其列在準客戶名單上，做成一個聯絡的資料庫，初期就當作像開店做生意一樣，打電話與他們做拜訪，希望能夠見面遞上名片以及傳達自己在這個行業的訊息。

無論成交與否，我所做的就是建立一個良好的印象，在電話約訪的時候，平均十位當中會有一位可以和我見面。

業務活動量管理五步驟 step 2：

面訪5：1＝五個面談有一個可以提供建議書

從約訪客戶到面訪，當與客戶見面的時候，我所做的第一件事情是搭起友誼的橋樑。並不因為自己做業務而有任何的目的或是強迫推銷，而是很真誠地去關心對方現在的工作、家庭、生活以及其所在意的人、事、物。

在這過程中，了解他的生命故事與想法，並且交換、分享彼此現在的生活。我也會告訴對方我從事保險業的想法、理念、以及未來的願景，從中對方也會跟我談及到他目前在保障及財務上所做的計畫，以及他希望這些計劃在未來替他帶來的是什麼。

進而在交換意見的過程中，很自然地有機會能夠提供建議給客戶，在這樣的過程當中，大約五個有一個可以提供建議書。

業務活動量管理五步驟 step 3：

提供建議3：1＝三個提供建議書的客戶會有一個可以做保單規劃

這一段是與客戶從建立普通問題到建立個別問題的階段。其實很多人跟業務員見面都會感到害怕，但是我都會告訴他們：「你們不一定要跟我買，但是我想把正確的財務規劃及保險該怎麼買分享給你們。」

我會走進對方的生命當中，去了解對方所在乎的人事物，對他而言在每一個難題上，例如，收入中斷每個月該有多少保障來保障自己？活得太短，出門忘了回家，應該有多少身價來當作留給家人的愛？在退休的時候應該準備多少錢來讓自己過上理想的生活？

並且從他現在的規劃中，讓他了解現在的規劃是否能完成他的目標。如果不能，我們該如何調整，進而送出建議，在這個建議當中，以對方的預算來探討一個最適合他的方案，讓對方明確清楚，並且透過時間價值來圓滿完成他的財務計畫。

業務活動量管理五步驟 step 4：

受理2：1＝送兩個客戶保單受理，會有一個客戶可以完成核保流程。

在業務生涯當中，跟客戶碰面並討論對方的難題，並且將難題量化成數字，規劃適當的保額與保費。

很多人認為這個過程是一定可以完成的，但其實不然，因為保單送交給公司，受理後還需要等待評估客戶的健康狀況以及財務狀況，若都良好才能通過完成核保。

業務活動量管理五步驟 step 5：

簽收1：1＝核保發單到完成簽收

在業務員收到保單之後，會再次送交給客戶，確認說明整體規劃的內容，完成簽收，而我會再送上我親自手寫的感謝函。

現在的系統有線上簽收及紙本簽收兩種，這是業務活動量管理五個步驟中的最後一步，核保發單之後即可完成簽收，在推銷六大步驟中，這是屬於售後服務與轉介紹的部分。

1·3 投入才會深入

爲夢想多做一點

你願不願意為夢想多做一點？有時候，我們與成功之間的距離，只在於是否願意勤奮一點、多做一些。

衍菁月刊

我曾經為了保險事業，在初期編製了一份自己設計的月刊，刊名就叫做【衍菁新發現】。衍菁的諧音是「眼睛」，特別有記憶點，客戶通常看過一次就記住了我的名字。我用這份刊物和客戶分享自己的心情與新發現。整份月刊通常分成三大部分：第一部分是分享自己的近況和這個月發生的小故事；第二部分是介紹公司這個月即將舉辦的活動及上個月的活動報導，邀請客戶和朋友參加；最後一部分則用於開發，例如賀壽星寶寶、結婚週年、每月店家介紹或每月人物專訪。

一份簡單的刊物，整合了行銷、推廣與開發，豐富且充實。有人要求我做嗎？沒有，這完全是我自發地想要為客戶「多做一點」。一開始，月刊受眾是通訊錄上的名單，或是透過每天「七件事」經營而來的客戶。我會以贈送月刊為由做拜訪，增加與客戶的互動，尤其是遠地的客戶，送月刊讓我多了一個順理成章去探訪的機會，既有誠意又不顯得刻意。

我也會在裡面設計一些小巧思，比如在最後的頁面開設「保險交流道」信箱，增加客戶的保險知識。像是臺南的小綠來信詢問：「心臟病發作覺得好意外哦！為什麼沒有保險理賠呢？」小博士回答：「意外是由外而內的影響，而疾病則是由內而外……」這樣的對話形式，讓知識的植入輕鬆且自然。若有剩餘的空間，我會加入一些解憂的笑話，讓大家看到「菁式幽默」時，能忘卻煩惱，開懷大笑。

月刊

衍菁心發現-夏

NO.1　主編：黃眼睛　出版日期 2004 年 6 月

嗨！各位衍菁心發現的好朋友們：

大家一定很好奇這是什麼東西，告訴你們，這是眼睛的個人月刊，從今以後，你們每個月都會收到一份我的個人訊息。之前有去找 PChome 要他們幫我印刷發行，不過後來沒有人理我 /__\，所以我只好自己印啦，雖然不是很精美，不過也很有誠意，每一份交到您手上的月刊都是我自己製作的，希望您播空參考，並給我一些建議^__^，希望這份月刊能夠當做你我之間的一道橋樑，讓你們能藉由這份月刊獲得一些新資訊，更能藉此了解認真的眼睛最近在做些啥米代誌喔！

衍菁自從去年 6 月步出大學校門，7 月投入南山人壽的懷抱至今已經快滿週歲了，在持續不斷的努力耕耘之下，終於也有一點小小成績，今年四月份衍菁晉陞業務主任，背負的責任就更重大了，所謂「任重而道遠」，未來的日子裡我會更加用心做好服務，在此也十萬分的感謝大家對我的信任及支持，我必定不負大家對我的期望好好加油的。

我要健康-登山去-特別報導

【本報特派記者眼睛台北報導】覺得自己有過重的傾向嗎？覺得週末生活枯燥乏味嗎？那就一起來運動吧！拜去年 SARS 流行之賜，讓大家重視到健康的重要性，走出戶外遠離城市的擁擠與喧囂。

台灣的北部地區有許多郊山是週末不錯的選擇以台北地區來說(1)北市陽明山及大屯山(2)石碇的皇帝殿(3)三峽的五寮尖及滿月圓。新竹地區(1)馬拉邦山(2)關西及尖石的鳥嘴山(3)觀霧的神木之旅。桃園地區(1)北插及南插天山(2)拉拉山神木群。以上都是我覺得還不錯的地方，大家不妨可以嚐試看看，順便挑戰自己體能的極限，不過事前的工作準備一定要做好喔。

Happy Birthday Happy Birthday Happy Birthday Happy Birthday Happy Birthday

狂賀壽星寶寶

六月：廖○惠 06/02　龐○貞 06/04　白○嘉 06/13　張○鴻 06/17

七月：王○祺 07/11　李○慶 07/12　黃○麗 07/17　黃○倍 07/20　邱○珠 07/25　林○娟 07/28　黃○興 07/31

Happy Birthday Happy Birthday Happy Birthday Happy Birthday Happy Birthday

休閒小站--------淑芬的故事

這天，老師發考卷……………………

「廖淑芬--60 分！你呀，不是名字叫起來像 60 分就可以考 60 分啊？」

老師不悅地說。………

「伍淑芬--50 分！你呀！比廖淑芬還不如！」老師依舊忿忿然地說著

接著，老師以更生氣的語調發著下一張考卷：

「柯淑芬(台語)10 分！喔，你也一樣！名字叫起來像 10 分你就給我考 10 分 ！」………

這時……………「啊！我完了 ……」

柯淑芬的妹妹心中開始暗叫不妙……………

老師嘆口氣，很無奈的發著第三張：

「不是我在說你們這對姊妹實在是太不像話了．．．」

「柯玲芬 (台語) ………0 分 ！ 」

老師搖搖頭道：

「你們兩姐姐應該向你們哥哥好好看齊，他總是滿分，你們倆不要老是考那樣的成績．」

柯淑芬和柯玲芬兩姐妹心裡暗罵，

「都嘛是爸媽把哥哥的名字，取做……………………………………柯吉霸」

保險小常識

何為"**投資型保險**"?

投資型保險又稱變額壽險，是將保險與投資結合，與傳統保險不同的地方在於，投資型保險在扣除保險公司的附加費用及保障費用之後，會將資金投資於基金市場，利用適當的資產配置及時間的複利效果，為自己及家人完成人生夢想。

投資型保險當基金有獲利時，獲利部份歸保戶所有；如有虧損時，保護也必須自行承擔，不過在投資期間，保戶可藉由保險將保障提高，在基金結算之時，也不會有任何稅賦的問題，所以相當適合做財富累積及租稅規劃。

您一生可愛又氣質的好朋友　衍菁 敬上

2004.06

聯絡速見表

黃衍菁　lifestyle@nanshanlife.com.tw　0939-912-914　02-25577531

衍菁服務項目

個人壽險、汽機車保險、旅行平安險、綁架險、醫療險、公司團體保險、儲蓄險、投資型保險、退休金規劃、房屋—火災地震颱風洪水險、保單健診。

每個月我會進行一次人物專訪，介紹焦點人物。客戶特別喜歡看到自己出現在月刊上，拿到後更是倍加珍惜。

我也會開發店家，讓月刊成為客戶的「好康報報」。例如，逛街看到新開的小吃店，我會去跟商家商討，希望為客戶提供優惠卷，如憑券送小菜、酸梅湯，或小額折扣。這樣一來，店家有生意，客戶有優惠，店家也能在月刊上做廣告，達到雙贏的效果。

為客戶多做一點、多想一些，絕對是正確的。我曾為了讓客戶擁有更好的教育知識，特地拜訪辦學成功的校長，將他的教育理念廣為傳達，最後校長也成為了我的客戶。

當初我還是個剛畢業的窮學生，大部分時間經濟拮据，只能靠自己從發想、採訪、編輯到印製，一條龍自製。我用當時所剩無幾的錢購置一台噴墨印表機，衍菁新發現月刊就此啟動。剛開始一次印兩三百張，後來月刊的讀者越來越多，每天睡前按下按鈕，印表機色帶的刷刷聲伴我入眠。

雖然辛苦，但我甘之如飴，只要對客戶是好的，我都願意多做一點。

緊急聯絡人

「希望能夠在第一時間為你做的更多！」這是我在填寫緊急聯絡人時對客戶說的話。

因為在關鍵時刻，如果我們發生事故需要緊急救援，能夠守護我們的保障發揮最大效益。

然而，此刻的我們不一定能夠清楚地表達自己，因此我會為客戶填下家人、好友及同事的一到三位緊急聯絡人，也讓他們認識我，這樣在最關鍵的時候，我們就能伸出溫暖的雙手守護。

1·4 堅持才有支持

證明一切的不只是時間

我剛進入這個行業時，既沒有人脈，也沒有背景，家中反對的力量更是強烈，因為父母覺得我能找到更好的工作，不希望自己的女兒到處拋頭露面、拜託別人。雖然我努力說明自己從事的是一項非常有意義的工作，但父母看著我的眼神依然透漏著恨鐵不成鋼的失望。

大半年的時間裡，我們幾乎沒有任何交流，空氣都彷彿凍結一般。我理解父親望女成鳳的心情，但也希望爸爸能看到我所選擇的未來是值得期待的。於是我對爸爸說：「給我一年的時間，我會證明我的選擇！」

我希望讓父母以我為榮，也希望讓他們放心，並同時為自己鋪好一條通往富足安樂的康莊大道。這一年我赴湯蹈火也要完成目標。所以除了開門七件事，我投入大量時間做陌生開發與構思商品的配套。在新人時期，我用每日行程打好基本功，再搭配週計畫進行陌生開發，建立人脈網。

星期一去開發百貨公司專櫃小姐；星期三到公司行號開發企業團險；星期五到大安森林公園旁的溜冰場做陌生開發。一步一腳印，累積了百名客戶，爾後我不再如初期般辛苦做開發，因為客戶不斷為我轉介紹。從陌生開發到做出口碑，需要的只是不斷堅持做對的事。

對保險小白來說，不知道客戶在哪裡是一種常態，陌生開發是必經過程。與其焦慮沒有客戶，不如想想客戶可以從哪裡來。山不來，我便向山走去；沒有需求，我就創造需求；成交最快的方式就是「主動出擊」。

我將商品設計成專案販售，對陪著孩子來溜冰的家長們說明「跌倒險」的好處。公司當然沒有特別為「跌倒」開發新產品，但我思考的是針對特定族群的「痛點」來建立需求。果然，我的觀察力與創意為自己打開了一條新的道路。

所謂「跌倒險」其實就是「意外險」。一般人忌諱談意外，因為這是大家不想面對的情境。所以我運用了巧思，替意外險取了一個不那麼令人抗拒而貼切的名字，賦予它與眼前情境的連結，因此特別受到認同。

平時家長不一定覺得孩子需要意外險，但當看到孩子在學溜冰時，心情就懸在孩子搖搖晃晃的身影上。的確，溜冰有跌倒的風險，所以家長很快認同「跌倒險」的重要性。這種「情境式行銷」的方式，使得家長迅速接受了「多一份保險就多一份保障」的觀念。

有了溜冰場的成功經驗，我開始針對不同客群設計「專屬商品」，也獲得了很好的迴響。因為我多用了一點心思去觀察潛在客群的需求，我一點一滴做出了屬於我的「麵包」，也收穫了家人的認同與客戶的肯定。踏上保險這條路的三年內，我升級為經理，並將創業時期的機車換成汽車，並拿出積蓄在台北買了房子。

三十歲那年，我和團隊一起完成了成立「廣宸通訊處」的目標。可以說，我的人生因保險轉了彎，也因為有了廣宸而大不同。很多新進同仁會請教我如何熬過新人時期的不安，我的答案是：堅定信念、學習成長、修正方向以及相信自己。新人期的擔憂與壓力是必經的過程，曾是新人的我堅持做對的事，踏實做好開門七件事並開發客戶，讓我能心無旁鶩地累積各個領域的客群，並建立起自己的成功模組。

我相信，保險小白也能用自己的光照亮每個客戶的生命。新人期並不可怕，看似煎熬，實則短暫。當有人質疑的時候，只要堅定選擇並努力實踐，很快就能成長。與其每天擔心，不如把未來掌握在自己手中，日後也能幫助需要幫助的人，讓世界因保險而無憂。

源源不絕的客戶是一個人不斷行動的結果，真正要探究的是是否有源源不絕向上的動力。只要動力十足，就會樂在工作！如果願意花兩年的時間建立準客戶資料庫，讓自動轉介紹系統運作起來，便能有源源不絕的人脈。

1・5 眞心換得眞情

「貴人」是一種相互成就

大四畢業前夕，遇到主管打開了我的眼界，讓我認識到生涯規劃以外的另一種選擇——保險。

這個生涯急轉彎是個艱難的抉擇，勇氣帶我邁開了第一步。以為從此一帆風順嗎？其實不然，轉行後我發現自己沒客戶、沒人脈、家人反對、惜話如金、身無分文、專業不足。

在入行的第一個月，我就必須考過證照，第二個月開始市場實作，但到了最後一週，我仍掛零，心裡非常驚恐，覺得自己肯定留不下來。雖然很害怕，但我心想，我不能坐以待斃啊！

某日，我來到賣場，那時正是中午，賣場幾乎空無一人。我看到一位賣香腸的姊姊對我微笑，可能是因為我也曾在賣場打工，她覺得我面善，主動問我：「妹妹啊，你今天來賣什麼？」

我不能告訴她我是來賣保險的，於是委婉地說，我來這附近幫客戶做售後服務與開發。因為時近中午，我鼓起勇氣問她：「姊姊，你中午有沒有人陪你吃飯？」對方表示沒有，我很開心地說：「那我陪你吃。」

一句「那我陪你吃」讓我跟這位賣香腸的姊姊連續在食堂吃了三天午餐，但我們什麼都聊，就是開不了口問她有沒有買保險。每次回家，我都會問自己，為什麼不問她保險買哪一家？如果連一句話都開不了口，怎麼做業務？當時已經是最後一週，剩下三天，我就要被終止參訓資格。

於是我告訴自己，第四天無論如何一定要開口問她。到了第四天，午餐結束後，姊姊表示上班時間到了，她要進賣場了，讓我慢慢吃。我見她要起身離開，便脫口而出：「等一下，妳們家保險買哪一家？」因為坐得近，雖然緊張的我把話講得含糊又飛快，但還是被聽到了。

姊姊笑著回我：「喔！都沒買啊！」那時候我真的覺得老天爺太疼愛我了，心中歡呼著：「她都沒有買耶！」我彷彿在她身上看見了光芒。我應該打鐵趁熱，問她願不願意讓我為她規劃保險，但當時的我太生澀，雖然對方什麼保險都沒有買，我還是不知道要怎麼接話。

正當我腦袋在組織該怎麼切入，一句「那……」還含在嘴裡，姊姊正好主動提及樓上鄰居買了每兩年還本三萬塊的儲蓄險，她覺得還不錯。我立馬鼓起勇氣，表示要打一張建議書給她看看。她答應了，但語帶保留地回答：「可是，我不一定會買。」

我手心冒著汗，深怕機會會不小心溜走，再三強調：「我打個建議規劃給妳參考，妳不一定要買。」我們兩人反覆講了五遍，後來彼此相視而笑，我最後對她說：「姊姊妳就聽聽看，沒有買沒關係！」這才終結了無限循環的對話。

隔天，我準備好了這位姊姊全家的醫療保障與儲蓄險規劃書。她很滿意，也認為全家都沒有保險，應該要為全家做足保障。眼見姊姊已經認同保險的功能以及我的專業規劃，我認為成交已經是水到渠成，便問她是要刷卡還是現金繳納，她思索了一下，回答：「可是我要回家問一下我老公耶！」

這讓我剛放下的心又懸了起來。二選一的答案為什麼會出現第三種？但我熱情不減，馬上回答：「姊姊，妳們家住哪？我可以去跟大哥說明嗎？」當天我便從重慶北路的公司騎車到瑞芳，大約七點多吃飯的時間，我見到了姊姊的先生。

我熱情地向他說明保險的規劃，他聽完後，淡淡地表示不大需要，這句話猶如澆下一盆冷水，讓我整個人都涼了。因為如果隔日沒能完成當月實習成果，我的保險事業就將在此畫上休止符。我開始有點擔心，但心裡一直對自己喊話：要冷靜，要冷靜。

我靈機一動，跟他聊起同事們在貨櫃工廠曾發生的事故，描述同事受傷的情況以及公司的醫療補助。大哥開始認同保險的必要性，經過了解後，也發現保費並沒有想像中的昂貴，每月所繳的金額不會造成負擔，於是我們當天便完成了簽約。

當下這位大哥選的繳費方式是月繳，我鼓起勇氣表示自己是參與培訓計劃的新人，希望大哥在第一年度年繳，隔年再改成月繳。大哥表示必須跟姊姊商量，於是他們便「入室密談」。我在外面等待的時間簡直是度秒如年，心裡冒出無限小劇場，心想會不會待會出來，就像分手擂台一樣，跟我宣布「掰掰」，讓我回家。

門打開的時候，我心一緊，大哥笑著對我說：「來來來，我們去領錢。」他們用了四張提款卡，拼拼湊湊領了四萬多塊錢給我。我非常感動，他們這麼不方便，仍願意幫助我這個剛踏入保險業的新人。

姊姊把錢遞到我手中時，看著我說：「衍菁啊！我以前也很不喜歡保險，我也有交情超好的朋友在做保險，但我都沒有想買。我看妳這樣努力認真地跟我們說明，所以我們決定支持妳，妳可千萬不要讓我們找不到人喔！」我接過錢，感覺這疊錢的重量是信任與託付，我告訴自己，我一定要努力做下去！

這一張保單是我能夠在保險業發光發熱、助人行善的關鍵，為此我相當感恩，也深受震撼。那一句「不要讓我找不到人喔！」讓我無論如何都要堅持下去。我也寫了感謝卡，感謝他們在我保險剛起步的時候，對我的支持與幫助。對每個新人來說，踏出去的這一步不一定能成功，但不踏出去，就無法繼續向前。我非常幸運，擁有貴人相助，成就了我在保險業用努力創造奇蹟的開端。

因為踏穩保險業的第一步，才有現在步步高升的自己。我絕不會讓我的客戶找不到人。我用真心換到真情相挺，每位願意相信我、支持我的客戶朋友都是我的貴人，我也慶幸自己不負所望，用專業守護他們的人生。

「貴人」是一種相互成就，當我們全心為別人著想，真心為他好去守護他的家庭，別人更願意支持我們，我們彼此都能夠成為對方生命中的貴人。

我第一次感到幸福的那一刻，是當我成功地幫助客戶解決風險難題，並獲得他們的感謝與信任。那一刻，我明白自己選擇這條道路的價值，不僅經濟上得到改善，更在精神上找到滿足感。他們對我的信任及感謝，讓我感受到的幸福，是我在其他工作經驗中沒有體會過的。

勇敢踏出第一步，
只要不放棄，
全世界都會願意成就你。

第2章 菁力篇

從平凡到卓越，
堅持打造力量非凡的自我。

「堅持」不只是爲了成就事業，更是爲了證明自己、實現目標。

每個人都有夢想，但真正能堅持到最後並取得成果的卻寥寥無幾。

我一直相信，滴水穿石是因為不舍晝夜，日與夜不斷重複持續滴在同一個位置，這份堅持的力量，讓水能穿石，杵磨成針。

初入保險業，我如同一張白紙，沒有口才、沒有專業、甚至連最基本的人脈也缺乏。面對現實的重重壓力，家人的不理解，自己內心的掙扎，這一路走來充滿了挑戰。可是，我始終堅信，只要不懈地努力，未來必定有所不同。從設立三年內升級經理的目標，到透過自我練功法逐一打磨各項能力，每一個看似不起眼的練功過程，都讓我離夢想更近一步。

我常常強調「堅持」的力量，無論是面對挫折、超越自我，還是培養專業，都需要一步步腳踏實地地努力。這些看似微不足道的改變，逐漸在我的生命中累積成不凡的力量。每一次跨越困難的挑戰，都讓我更加明白，成功不是一朝一夕，而是無數次小小勝利的累積。透過這些經歷，我不僅建立了強大的團隊，也找到了屬於自己的成功模式，最終成為能夠影響他人、創造價值的卓越領導者。這段旅程告訴我們，真正的成功，是用堅持不懈的力量打磨出來的。

2·1 看我72變

有計畫的栽培自己

三年內升級為經理是我入行後給自己的目標，但沒有人脈、沒有口才、不具專業、家人反對、經濟拮据……這些不利於我的現實，每天無情地打擊我，步步逼退我的選擇，煎熬著我初生之犢的幼苗之心。理想與現實間如鴻溝般的差距，讓我不停思索該如何跨越。

接受一個不夠完美的自己，是我在心理上跨出的第一步。

畢竟，對於我這個門外漢的保險小白來說，打拼過程中剛開始遭遇的各種不適應是非常正常的。但如何快速走過這段事業低谷，我讓自己進入「經理人練功坊——看我如何72變」。

首先，菜鳥的我採取「九宮格思考法」，將升經理的終極目標所必須具備的能力逐一列出，並在每一個能力項目中寫下八個練功法，總共七十二個大絕招，成為我自己的「菁式八法」；並開始專注投入在每個練功中，將這些功夫扎實練起來。

每週和業務百分卡共同檢視，隨時調整，厚植實力於這些微分化的細節裡，我的目標也隨著能力的提升逐一實現。

菁式八法之一：銷售力

業務員時期專注「菁實7×7」（參閱第一章），主任時期完成百人斬客戶數目標，襄理時期培養經營二十四個高資產客戶。

每季安排本業議題進修（如：社會保險、稅務、勞基法……），每週一參與專題演講，站在巨人肩上看世界。列好讀書清單，找個好同伴一起督促執行，用零碎時間閱讀；偷偷說，我常用吹頭髮的時間看書，四十分鐘過去了，長髮吹乾了，知識點也進入腦袋瓜裡了。

菁式八法之二：尋找人才

打造優質團隊是升級經理的關鍵。從增才的管道、人才的選擇與評估，到約訪面談的初次、深度、決定性面談要領，都需要不斷練習。打通任督二脈的關鍵是「成為榜樣」，因為榜樣最具影響力。高標準的要求從我們自身就能看見團隊的模樣，你的優秀將為你找到更多優秀的人齊聚一堂。

菁式八法之三：業務力

走入市場做市場拓展業務時，會遇到許多習慣講台語的鄉親，這對我來說是個艱難的挑戰，台語不流利的我該如何清楚地描述保險規劃與回答問

家庭拜訪	執行計劃	當 AG 朋友家人	達標能力	假日加強班週六上午	推銷夾製作	議題進修	第一年 100 個客戶	七件事
危機處理	輔導力	對成敗感同身受	讀書會	訓練力	因材施教 10：00	參與競賽	銷售力	開發客戶 135 下午
受信賴	陪同作業	給予目標	保持熱情	耐煩重複	PEP 8：30	演講 / 1 週 1 場	看書 / 2 週 1 本	培養 24 VIP
期待離夢想更近的每一天	不達目標不放棄	每年必上競賽＋培養 2 組	輔導力	訓練力	銷售力	適性分析 / 每週 1 位	請客戶轉介 / 每週 1 位	學網增 / 每日約 2 位
強大自己的內心：不開心的事秒忘	心理素質	挫折是什麼禮物：拆開它	心理素質	三年升經理 25	尋找人才	説明制度能力	尋找人才	學面談的能力
找隊友督促支持	隨時修正錯誤	正面思考保持熱情	不忘生活	良師益友	業務力	校園講座	成為榜樣	帶人大創
解鎖新技能	買創業車	準備購屋金	培養感恩	精進技巧	解惑難題	時間管理	書信文字力	學台語 0-2 點
送自己禮物	不忘生活	出國保養 4 次 / 年	保持謙虛	良師益友	每月請益	建議規劃能力	業務力	口語表達：説話課
熱情的活著	享受但不迷失自己	家人旅遊 2 次 / 年	VIP 經營	改變思維	心情抒發管道	月刊製作 / 月	定時聯絡 / 週五	形象專業

菁式八法．九宮格思考法

題，對我來說是一大困擾。於是，我利用凌晨〇～兩點的時間看鄉土台語劇來練習，除了讓台語突飛猛進，也與客戶有更多追劇的話題。

為了每天打的二十通電話能更貼近客戶的心，我特別報了一門「說話課」，訓練自己的口條與聲音的情緒表達；課程中還包括朗讀，不僅聲音要洪亮，還要有抑揚頓挫，從聲音當中傳達出表情的深淺。

我現在說話時的感染力，就是拜當初老師的教導所賜；有感於在表達與聲音表情的重要性，我也將從老師身上所學的重點，轉化成團隊的內部課程，一起帶動團隊成長與精進。

菁式八法之四：訓練力

目標就是一切，訓練自己及團隊的達標能力。每日八：三〇業務研討會中找到需要精進之處並調整，若時間不足接續於一〇：〇〇晨會課程後因材施教、個別指導。週六上午持續加強練功，在耐心重複的訓練中，保持熱情與正向心態。

孔子：「人一能之，己百之；人十能之，己千之。」別人學一次就會了，門外漢小白的我可以練一百次、一千次，直到學會！初期用「加班」奠定基礎，陸續完成大小目標。

菁式八法之五：良師益友

尋找生命中的人生導師是一件至關重要的事。從小到大我們在各階段的學習都有老師指引正確的方向，那麼畢業後我們職場的老師、人生的導師又是誰呢？入行後我為自己找了五位良師益友，除了三位是本業的老師，還有兩位是業外的老師。

每當我遇到困惑、難題，我都會向他們請教。在他們的視野及人生經歷中，給予我的常常是出乎意料的收穫，讓我能快速解惑，改變思維，學習成功方法。他們是我改變的橋樑與管道。我也視他們為我的VIP，保持感恩、謙虛，虛心接受任何的指正與教導。

在他們的指導下，我節省了很多嘗試錯誤的時間，讓我的目標得以快速達成。擁有「人生導師」，對我而言是最重要的禮物。

菁式八法之六：輔導力

輔導是訓練指導與評估，訂定「執行計畫」並給予目標，計畫可以調整，目標則不可改變。

將大目標切成小目標，陪同三～五次，把自己的某個部分投注在同仁身上，在業務過程中對他的成敗感同身受，給予正確方向引導，並透過家庭拜訪增加信賴與理解，減少業務員從業的困擾。

菁式八法之七：心理素質

業務工作一直是一個心態的行業；因為好的心態能塑造美好的未來。一

	次數	業務 v.s. 客戶	NOTE
觀摩	2～3	主管 v.s. 主管客戶	注意內容、細節，看主管如何示範。
示範	2～3	主管 v.s. 業務客戶	主管與業務客戶不熟識，示範全流程。
實踐	2～3	業務 v.s. 業務客戶	業務與自己的客戶談規劃，主管從旁觀察事後研討。

個正念的思考能打敗十個負面念頭，因此我必須訓練自己擁有良好的心理素質。

遇到挫折時，我常問自己：這個挫折到底要帶給我什麼禮物？這件事情我如何才能戰勝並調整？我告訴自己，要擁有強大內心，因為行程安排緊湊，不開心的事訓練自己下一刻就能忘記，並準備一本小手冊，寫下我的 Bug，記錄每次會談中做得不好的地方並改進；例如，忘了帶印泥或簽約文件，這些雖然都是小事，但也是我絕不容許再犯的錯誤。

讓每次演出一次比一次更好，與隊友相互支持、督促，我們期待每一天離夢想更進一步。

菁式八法之七：
不忘生活

獎勵自己也是重要的事，我認為「熱情地活著」很重要，因此我每年為自己訂下旅遊計畫，除了公司招待的旅遊外，每年還要出國四次，帶家人旅遊兩次。

無論到哪個階段，都要記得自己的初心，也計劃添購房子與創業車。每次旅程中送自己一個禮物，記錄自己的階段性任務完成；我也會為自己解鎖新技能，如學會開車或學做一道好菜，讓業務人生更進步。

2．2 成功方程式

挑戰所有的可能與更好

每一段成功的旅程，背後都隱藏著無數次艱難的選擇與不斷的挑戰。面對未來，我們常常徘徊在各種可能性中，不確定哪條路才是真正通往幸福的方向。

這些選擇不僅考驗著我們的智慧，更挑戰著我們的信念。每一個看似微不足道的決定，都有可能改變我們的人生軌跡。在這段旅程中，面對每一次的抉擇、信念、紀律、自我投資、不安於現狀的精神，還有挑戰更好的決心，都是我成功方程式的核心要素。

以下整理出的重點，真誠分享了我在這條路上如何思考、行動，並一步步走向自己定義的成功。

抉擇：艱難的抉擇

走在即將畢業的十字路口，當時的選擇真的萬分困難，因為每一步都深深影響著未來。我的第一個選擇是成為補教名師，剛好遇到名師願意栽培我成為接班人；第二個選擇是我從小的夢想，希望能成為一名記者，從事編輯與採訪的相關工作；第三個是父母期望我能夠在學校當老師，成為一位作育英才的教育者。

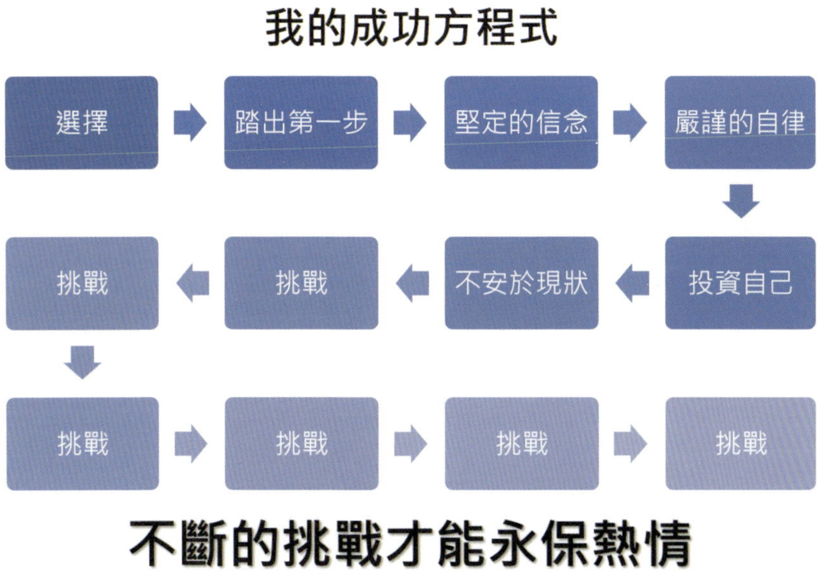

這三個選擇似乎都有不錯的社會地位與聲望，但都與我理想中的未來不符。我認真思考了「以終為始」這四個字的意義：如果結果是我想要的，我就可以奮力一搏，但這些選擇似乎無法實現我理想中的未來。

就這樣，我誤打誤撞地先選擇了其中一個，決定去補習班準備考老師。然而，就在這時候，老天爺送給我一個大禮包，讓我在轉角遇見了幸福。

雖然當時是不得已的選擇，但最終靠著雙手雙腳打拼出自己的幸福。這個艱難的抉擇一直深深烙印在心中，讓我明白無論左轉、右轉，還是直走，只要努力，前方一定會有我想要的曙光。

勇敢跨出第一步

抉擇之後，我踏上了這段幸福旅程。我告訴自己，要勇敢地跨出第一步，不管這一步有多困難。由於選擇了工作的大轉彎，我在業務工作上因為完全沒有經驗而感到不適應，焦慮感每天都在折磨著我。

雖然痛苦，但我告訴自己要正面迎戰，不讓淚水白流。我決定迎向挑戰，即使在業務實習時不知道該去哪裡，手機電話簿中僅有二十個名單，也無從下手拜訪誰。於是，我來到賣場，遇見了我的第一個客戶。細節記錄在前述的篇章中，總之，這第一步奠定了我的基礎，雖然舉步維艱，卻讓我看見了堅持的力量，並深深鼓舞著我繼續跨出下一步、每一步。

堅定的信念

還記得那時決定轉換跑道，老師曾對我說：「你為什麼沒有去當老師，讓我很失望。」同學們也質疑：「妳是不是被洗腦了？！」加上家人的不支持，排山倒海的反對聲浪讓我措手不及。

但我知道他們的誤解和擔憂是因為愛我、保護我，他們並不了解這個行業的意義，也不知道「保險從來不騙人，如果有糾紛一定是人騙人」。

釐清了所有的念頭後，我告訴自己要給自己一年的時間全力以赴，不管別人說什麼，我都不能動搖。

既然要給自己一個機會，就要全力以赴，而不是坐以待斃。

嚴謹的紀律

我為自己訂下日程表，包含了養成良好工作習慣。每天要完成七件事，每週要完成七次開發，所以「精實7×7」成為我規範自己的原則。

在這些嚴謹的紀律中，我扎實地磨練每一項能力，並用正向心態看待發生的每件事。成為自己的加油站，鼓舞自己往前走。習慣可以造就未來，好的習慣能幫助我們早日實現願望。

投資自己

投資自己是最不會徒勞無功的選擇。我不僅投資腦袋與設備，將業務專業及生活中的大小事都變成進修的一部分；投資設備從筆記型電腦，進化到更輕便有效能的平板電腦、完善穩定的網路設備，不僅提升了工作效率，更讓溝通無時差，也因應行動網路時代的線上互動習慣，即使遠距也能順利完成目標。

此外，我也投資自己的交通工具，從二輪打天下的「馬路小天后」進階為有車一族，這讓我每天的拜訪量增加，效率更高。對當時住在基隆的我而言，車子為我加上了翅膀，讓我跑得更遠，這項資產為我帶來更多的財富。

不安於現狀

業務工作常常看著人來人往，我希望自己能成為「恆星」而非「流星」。

想要成為恆星，就必須每天保持進步，不安於現狀。我常告訴自己要戰戰兢兢，如履薄冰，非常認真地看待每一天、每件事。即便有些小成績，我仍保持謙卑，在謙卑的自信中不斷向前。

有位恩師曾告訴我：「居安思危，才能永保其昌。」這句話我深深牢記。

挑戰所有可能的「更好」

二十三歲，我挑戰讓自己升主任；二十四歲，挑戰升襄理；二十五歲，挑戰升經理；三十歲，我成為最年輕的女處經理。這些挑戰我一一成功，並為自己訂下「挑戰人生101個夢想」，繼續圓夢的旅程。

每個人的「成功方程式」不盡相同，但在我的方程式中，貫穿一切的核心是「良師益友」。對我而言，良師益友是我的信仰，不論遇到任何困難與挑戰，心情都可以在良師益友中得到解答與支持。

人生導師是我們向上的重要力量，慎選人生導師，會為你帶來如虎添翼的加速器，讓你更接近夢想，更接地氣。需要時，有人會拉我們一把，他們的經驗就像他山之石，可以攻錯，省下大量摸索的時間。與導師分享成功的喜悅，更是無上的幸福。

2·3 意志力就是我的超能力

小黃都撞不倒的出國決心

出國是我入行後的第二個夢想。從小到大，鮮少有出遊的機會，父母為了生計忙碌，無法帶我們全家出國旅遊。記憶中兩次的全家幸福旅行是搭遊覽車在國內的花蓮、南投之旅，拍下了很多美麗的回憶，因此行遍世界成為我的夢想。

當我進入公司後，發現只要完成競賽就能去北海道，我下定決心為了出國而努力。剛加入公司時，我還是一名保險小白，既缺口才、也無背景、人脈，專業能力尚在奠定中，唯一支撐我的，是為了出國這個夢想而燃起的鬥志。我每天拼命陌生開發，用心經營客戶，眼看著競賽目標就快達成了，沒想到老天卻跟我開了一個大玩笑。

離競賽結束僅剩十幾天的時候，我出了車禍。一輛紅燈右轉的車毫無預警地衝向我，儘管慶幸自己大難不死，但我也因此住院，過著與拐杖為伍的日子。出院後，我躺在基隆的家中休養，雖然表面平靜，但內心的焦慮如萬馬奔騰，心裡不停地想：「天啊！這該怎麼辦？我離北海道就差這麼一點距離，我這麼努力，老天不會這樣對我吧？！不行！我不能與這次競賽擦肩而過，我不能放棄！」

於是，我每天叫計程車在樓下等我，再用盡吃奶的力氣跳到樓梯間，把拐杖從二樓丟下，聽見拐杖啪一聲落地，接著便用雙手撐著自己，一蹦一蹦地往下移動，抓著欄杆一階一階往下跳。即便每天必須花兩千元的計程車費往返，我也要努力到最後。

別人常問我，你這樣不辛苦嗎？說真的，很辛苦。我從來不知道從家裡到門口的距離可以這麼遙遠，要花這麼多力氣和時間才能走到。哪怕舉步維艱，我也不會因此氣餒。跳就跳吧！我想像自己在玩著小時候的「跳房子」

遊戲，每個人都必須撿起石頭才能往回跳，那枚被撿起的石頭，就像我的客戶，我奮力出門的每一天，都讓自己帶著收穫回家。

由於行動不便，要逐一拜訪客戶實在太耗時費力，剩下不到兩週的時間，我經不起任何的消耗。我左思右想，如何才能在有限時間內接觸最多的客戶？對了！我無法走向客戶，那我可以把客戶 call 來，讓他們來找我！我開始打電話邀請客戶來公司簽約。

這難不難？真的難上加難！畢竟當時的客戶都是靠陌生開發而來的，想要簽約可不是隨隨便便打一通電話就能搞定的事。但我告訴自己：「天下沒有做不到的事，只有願不願意而已，努力試試看吧！」離競賽目標還差約二十萬元，我拼了！每天從基隆搭計程車到台北公司上班，一進辦公室就開始傳簡訊和寫 email，與客戶電話逐一討論，再邀約他們到公司簽約，只要客戶願意到公司，我就為他們準備餐點。

也許是我的拚勁感動了客戶，他們都願意前來簽約。我相當感謝客戶的信任與支持，在堅持不懈的努力下，桌上的保單越堆越高，這意味著我離競賽目標越來越近。我對自己說：「大難不死必有後福，小黃只能撞傷我的腿，但撞不倒我的決心，我一定能出國！」最終，我完成了競賽，圓了出國夢，在北海道的雪景中，我看見自己眼中閃爍著喜悅的光芒。

踏入保險業二十年，我總共被公司獎勵出國五十六次。我常笑說，我家的行李箱是不會收的，因為，不是在國外，就是在出國的路上。回想年輕時那些樸實無華的夢想，不外乎換車、買房、帶父母出國。

許多人覺得帶父母出國不過是買張機票的事，但對我來說，能用一張機票解決的，就不算難事。我的母親一直嚮往出國，但因為害怕搭飛機而無法成行。於是我想到帶父母搭乘郵輪旅行，終於完成了爸爸媽媽的出國夢。

努力固然重要，但選擇比努力更重要。我靠著自己的努力提升含金量，而更重要的是我做的選擇，讓付出與收入相符，為我的夢想插上翅膀。不過三、五年時間，行業特性讓努力的我達成了許多人一輩子才能實現的夢想，也完成了許多以前可望不可及的目標。

我做得到，我相信每個人都可以。

2·4 不願妥協的勇氣

用血誓狠推自己一把

如果沒有跨出腳步，就無法遇見意想不到的風景。人生有時候必須對自己「狠」一點，強迫自己按下「啟動鍵」，用盡一切方法推動自己向前。

第一次，我到竹科進行陌生開發，當天隨著擔任作業員的友人一起進入員工餐廳用餐。偌大的空間裡，整齊的桌椅擺放得像地下商店街的美食街一樣，午餐的尖峰時刻，餐廳每個角落都擠滿了用餐的人潮。

友人去工作後，我坐在椅子上對自己說：「我今天一定要換到五張名片！」那是當天我給自己設定的KPI，心想在用餐時間裡，這麼多人進出的餐廳，要換到五張名片應該不難。

然而，面對熙熙攘攘的人群，我退卻了，雙腳彷彿生根般黏在地上，無法邁出一步。

「好，黃衍菁，數到三，我們就開始囉！」一如往常，我對自己喊話。平時說完這句話，我就能站起來完成目標，但這次卻失靈了。我再次對自己下指令：「好，黃衍菁，數到三，我們就開始囉！」然而，雙腳還是沒有動，好像開車不斷按下啟動鍵，卻無法發動。

那一刻，各種情境假設不斷在腦海中閃過：他們會不會覺得我是闖入者？如果我跟這個人說話，他會不會叫警衛把我趕出去？如果我跟那個人交換名片，他會不會報警？心裡想著要行動，身體卻動彈不得，腦中反覆浮現各種不好的畫面。最後，我對自己撂下狠話：「等一下數到三，如果沒有開始，出去就被車撞死！」

天啊！怎麼會有人親口詛咒自己出門被車撞？因為我知道，如果不對自己狠一點，我會永遠對恐懼妥協。我不想對自己失望，更不想後悔。只要妥協一次，以後就會永遠被恐懼綁架。所以，我逼自己站起來，初出茅廬的我心裡非常害怕，但我已經大老遠搭車來到竹科，怎麼能這麼遜？

撂完狠話後，我立刻站起來，對著眼前的陌生人說：「您好，我是南山人壽的黃衍菁，想和您換個名片，今天剛好來這裡幫客戶做服務。我每週都會來，未來有任何理財、保險或相關財務問題都可以找我。」當我遞出的名片被對方接受，微微出汗的手捏著換來的名片時，讓我裹足不前的恐懼瞬間消失，取而代之的是油然而生的自信和堅定。

如果那天我被恐懼左右，選擇放棄目標，就等於對自己失信，進而失望。逼自己一把，我一次又一次積累了對自己的信任與肯定。交換到第一張名片後，一切就順利開展，應對也越來越自如。

對於願意與我交換名片的人，我誠心感謝，並承諾提供一些理財建議或月刊；對於沒帶名片的人，我準備了空白名片讓他們填寫聯絡方式，不想交換的，我也請他們留下我的聯絡方式，有需要隨時可以找我。

那天我總共換到八張名片，突破了原先設定的目標。更重要的是，我的毅力與工作熱情為我帶來了意想不到的客源。

當天，有位年輕女子坐在最後一桌觀望許久，雙手遞上她的名片，靦腆笑著對我說：「我覺得妳超勇敢的！」她表示自己沒有保險，可能不會跟我買保險，但有問題想請教，希望我不會介意。因為竹科人工作壓力大，許多人有血尿問題，她擔心自己也會遇到類似情況，希望了解相關的保險。

我們約在外面的簡餐店見面，經過財務保障需求分析後，她當場決定購買一張八萬八千元的保單。這是我第一次收到這麼大額的保單，擔心費用過高，我試圖幫她調整，但她大方地說：「這就是我需要的保障，不需要調整！」立刻拿出信用卡付款。後來才知道，她的年薪高達兩、三百萬，這筆保費對她而言輕如鴻毛。

那次站起來交換名片的勇氣，不僅讓我簽下當時最大的保單，也為我帶來豐富的人脈資源。幾週後，我送保單給她時，她像家人般關心我開發的狀況，並遞給我一張座位分機表，上面註明了每個人的「應注意事項」，如：100號很友善，可以打電話；102號重視退休；135號重視醫療；

168號的太太在另一家公司……我看著這些鉅細靡遺的紀錄，既感動又驚訝。

她解釋這些資訊是和同事吃飯時收集的，並表示若我約不到人，她可以幫忙邀約。她的鼎力相助，讓整個辦公室的職員幾乎都成了我的客戶。我深感幸運，能有這樣真心支持我的客戶朋友。

幾個月後，她又送我一疊名片，說這是她研究所同學的聯絡方式，他們都在附近上班，她已經告訴他們我有一套專業的財務需求分析，非常值得見面了解。

一年後，她邀我到家中，並告訴我她的雙親是台商，擔心患上重大疾病。經過我的解說，她替雙親投保了一年三十多萬的醫療險，當天簽下兩人總計六十多萬的保單。

善緣的締結需要彼此勇敢靠近。那次交換名片的勇氣讓我獲得意料之外的收穫，而主動遞名片的她，因為認識我而讓生活更圓滿。我們成了彼此人生中的貴人，也成為彼此生命中的「介紹人」。

她為我介紹客戶，我介紹一個良緣老公給她，這是我對她的最佳回報。若我們都缺少了那一點勇氣，將會錯過彼此。我並非特別勇敢，我的勇氣源自於「不妥協」的信念。我給自己設下的ＫＰＩ，一定要完成，這是我對自己的承諾。

我常鼓勵新進同仁，與其擔憂害怕，不如狠下心逼自己一把。我理解新人對陌生開發的抗拒與焦慮，因為我也曾深感恐懼。但陌生開發就像驚喜大禮包，誰也不知道會不會因此抱得大獎。有時，一無所獲與滿載而歸之間，只缺那一點不妥協的勇氣。

打破恐懼，眼前就是一片海闊天空。勇敢邁出腳步，才能遇見更多可能。

第3章

菁奇篇

實現101個夢想的力量。

用超過一百個夢想，打造超越一百分的人生。

很多人問我：「為什麼你的夢想清單是101個，而不是一百個，或者是其他數字？」

我常笑著回答，因為我的夢想「世界高」！三十歲是我人生中的重要分水嶺，那時我開始擬定夢想清單，啟動圓夢計畫。

當時世界上最高的建築物是台北101大樓，我想，列出夢想清單有如蓋出專屬於我黃衍菁的101夢想大樓，這是我生命中的地標。對我來說，夢想不只是夢想，它意味著自我實現與超越！101個夢想乍聽之下相當驚人，但我僅用了十年多的時間，便將它們逐一實現。

每一個夢想的實現都是與自己的對話，是挑戰自我、超越極限的契機。在追夢的道路上，我學會如何面對困難，在挫折中重拾信心，並在無數次的嘗試與努力中找到前行的方向。

101個夢想不是終點，而是一段段奇蹟的累積。這些夢想的實現，不僅改變了我，更讓我看見生命的無限可能。

當我們選擇勇敢追夢時，我們不只是為了自己，更是為了成為他人的光，激勵更多人去尋找屬於自己的菁奇。讓我們一起成為夢想的實踐者，用每一個實現的步伐，書寫屬於我們自己的奇蹟篇章。

衍菁・夢想清單 101

編號	101 夢想清單	預計完成日	實際完成日
1	當榮譽會會長		
2	稅務課程進修		
3	勞資社會保險進修		
4	開創轉投資事業		
5	通訊處文化願景理念		
6	經營 50VIP		
7	接班人 3 位		
8	建立銷售系統模組		
9	建立訓練系統		
10	美國遊學		
11	碩士國外		
12	語言治療師		
13	光課程 5 年完訓		
14	希塔課程		
15	Bars 執行師		
16	聽心卡輔導課程		
17	開車穿越 66 號公路		
18	芳療師課程		
19	重拾畫筆		
20	彩妝課程		
21	日本掌氣治療		
22	世界文化遺產走訪		
23	花精課程		
24	出書利他		

38	做好退休規劃 40 才		
39	買香奈兒包給自己		
40	重新裝潢房子		
41	辦一場婚禮同樂會		
42	BABY 1		
43	BABY 2		
44	學 10 道拿手菜		
45	學收納術		
46	換雙 B 車		
47	101 煙火跨年		
48	辦家族聚會		
49	拍全家福寫真		
50	親手做生日蛋糕給家人		

25	捐救護車		
26	設清寒助學金		
27	捐款慈善團體全家		
28	公益保單推行		
29	用保險改變世界細則		
30	5 個小孩有就學機會		
31	當義工		
32	捐血		
33	年薪千萬		
34	小孩教育財務規劃		
35	另一個收入線		
36	架 APP 開店協助家人收入		
37	再置產 2 房成為房東		

51	和另一半搭摩天輪		
52	企業導師		
53	大學 10 場演講		
54	社群經營課程		
55	婚禮主持人		
56	客戶朋友分類與定聯		
57	交幾個一輩子的老友		
58	和另一半去演唱會		
59	致 40 歲：寫信給未來的自己		
60	閱讀 100 本書		
61	找人生導師		
62	一日店長		
63	無手機旅行		
64	幫助 10 個人創業		
65	創業		
66	和崇拜的人成為朋友		
67	請 100 人吃飯		
68	馬拉松 8K		
69	治好過敏		
70	美姿美儀課程		
71	減重至 50KG		
72	重訓		
73	蘇美島排毒		
74	名醫 & 醫療資料庫建立		
75	有氧運動		
76	帶家人健檢		

93	韓國滑雪		
94	歐洲旅遊		
95	極光		
96	無邊際泳池		
97	朝聖西敏寺		
98	獨旅		
99	雪梨擁抱無尾熊		
100	小島度假當伴娘		
101	創作一首歌		

· 夢想表格電子檔，歡迎讀者自行下載填寫，實踐自己的 101 個夢想。

77	健康烘培		
78	學冥想靜心		
79	斷食七天		
80	打耳洞		
81	器官捐贈		
82	開直升機		
83	畫展		
84	搭熱氣球		
85	郵輪家族旅行		
86	上海夜景		
87	參加唱歌比賽		
88	日本離島旅行		
89	玩迪士尼		
90	玩新加坡		
91	旅俄羅斯		
92	遊杜拜		

3・1

善用全人思維

「滿願」成爲人生的進行式

「滿願」這個詞代表圓滿成就願望，而我的人生卻沒有真正的滿願時刻，因為在實現夢想的過程中，隨時會產生新的夢想。我們可以不斷創造屬於自己的夢想，讓人生變得豐富而飽滿，充滿希望之光。

對我而言，１０１個夢想的最大價值，是在完成它們的過程中，逐步圓滿人生。夢想不是許願，不需等待奇蹟降臨，只要腳踏實地地追尋夢想，就能持續走在滿願的路上。

夢想之所在，即熱情之所在。如果我們希望每天叫醒自己的是夢想而非鬧鐘，那麼夢想就應該是人生的導航。我常與夥伴分享，我們無法過上比想像更大的人生，現實永遠無法超越想像，因此我們必須勇於「造夢」。無論夢想看起來多麼超乎常理，或在他人眼中多麼微不足道，它們都有使我們產生「內在質變」的力量。

造夢與圓夢的過程，不僅能增加自信與成就感，更能豐富生命，推動自我成長。在這個正向螺旋的影響力下，我從寫下101個夢想開始，用夢想影響更多人，鼓勵他們對人生抱持更大的想像。

許多人追求的目標可能是五子登科、豪宅名車、隨時隨地的旅行等，而我也曾從出國、換車、買房起步。然而，這些達成後，我卻感到一種莫名的失落，就如同最初嚐到和牛的美味感到驚艷，但再吃多少次都索然無味一般。我發現自己不知不覺間過上了日復一日的複製生活，逐漸感到「沒意思」，這種感覺正一點一滴消耗著我對生命的熱情。

人生不該只有一種模樣，生活應該多采多姿，生命更應該充滿豐富的體驗。當我決心打破平淡，找回有趣人生時，腦中浮現一個想法：成為夢想實踐家，快樂地玩轉這個世界。而保險事業正好提供了我實現夢想所需的資金與時間。

在追夢過程中，我沒有因此影響生活，反而在實踐夢想的同時，使事業與人生雙雙精彩。

我認為關鍵在於我並非隨意列下一份天馬行空的清單，而是運用MDRT所學的「全人生活」理念，從事業、家庭、健康、社會、休閒、成長、人際、財務等面向去規劃夢想。

我相信夢想的追求應該是均衡的，若需犧牲生活去成就工作願景，或專注夢想而忽視生活，這都無法帶來真正的滿足與快樂。

當聽聞親友因過勞、疾病或意外離世，遺憾終生，未曾為自己而活，這不僅讓我感到唏噓，也更加堅定了我要永遠為夢想而悸動的決心。

理想人生SMART過＋啟動輪軸

對我來說，實踐夢想其實就是一個簡單的概念：有計劃地栽培自己，過上理想人生，自我實踐，成為更好的自己。

許多人認為夢想遙不可及，但夢想其實就是「理想人生」。理想人生是指在事業、家庭、健康、社會、休閒、成長、人際、財務八大面向中達到平衡與成功。這八個面向共同構成人生的每一部分，若能兼顧，人生便能趨於圓滿。

我將這八個面向比喻為一個圓，若加上輪框，便成為幫助我們在人生路上馳騁的輪子，順滑地推動我們前行。

但如果其中某一部分不完善，或者某一面向特別發達，圓形就會像損壞的輪子，歪斜難控、磕磕絆絆，無法穩定長遠地走下去。因此，在規劃人生夢想時，我運用在MDRT所學的全人觀點思考，務求各個面向都能因夢想實現而精彩。

平衡與成功

SMART原則	
Specific	具體明確的
Measurable	可衡量的
Achievable	可達成的
Relevant	相關的
Timetable	時間表

SMART · 啟動輪軸

過去十多年，我化身為夢想實踐家，走在圓夢的路上，感受到完成夢想帶來的快樂與豐足，我希望這份快樂能與更多人共享。

有一年在通訊處的策劃會報上，我帶著團隊一起寫下夢想，用全人視角去思考，檢視自己在每個面向是否願意投入更多，讓自己達到平衡與成功。

為了避免抽象的描述無法落實，我建議大家運用SMART原則，具體列出可達成的夢想，不僅要設有衡量的標準，還需設定明確的完成期限。如此一來，夢想就不再是遙不可及的想像，而是可具體實現的目標。

每當我確實執行寫下的夢想，內心總會湧起激動與喜悅的感受，讓我每一年都活在自我實現的道路上。

這樣的美好不僅是我的，也希望帶領大家一起圓夢，成為人生的夢想實踐家。正在讀這本書的你，也請寫下你的夢想，讓我們一起感受這份幸福。

3.2 只要願意，隨時可以將畫畫夢繼續！

有一天早上醒來，我發現自己臉上淚痕未乾，我心想：「我為什麼哭了？」

於是透過靜心冥想向內覺察，才發現我一直遺忘了小時候的一段經歷：小學四年級時，因老師的推薦，我考上了美術隊。隊上的同學大多從小學習美術，而我是唯一一個沒有補習就考上的，因此顯得格格不入。

雖然不適應隊上的氛圍，但老師非常疼惜我的才華，有一次，他給了我參加寫生比賽的機會。那是我第一次參賽，心中充滿了對自己表現的擔憂，同學們也多數抱著看笑話的心態，覺得我只是去當炮灰。從決定參賽的那一刻起，我的壓力如排山倒海般襲來。

比賽地點在偏遠山區，交通不便，需要步行爬山。那天我和媽媽因人生地不熟而迷路，耽擱了不少時間。等我們趕到比賽場地時，只剩兩個小時就要交卷了，我急得像熱鍋上的螞蟻。

更糟的是，當我打開畫紙準備作畫時，才發現媽媽把畫具和水桶落在了公車上，真是屋漏偏逢連夜雨。我看著空白的畫紙，而其他同學已經打好了草稿，憤怒之下，我將顏料用力摔在地上，大喊：「我不要參加了！」眼淚瞬間潰堤。媽媽看見我這樣子，也顯得手足無措。

就在此時，一位約莫四十歲的叔叔走過來，溫和地問：「妹妹，妳怎麼了？」我沒有回答，只是哭。他讓我先不要急，慢慢呼吸十次。我照著做，情緒逐漸平靜。他又問了一次：「妹妹，妳怎麼了？」我抽著鼻子說明了情況，叔叔鼓勵我冷靜下來，並思考如何快速完成作品。

我點頭答應，同時看到媽媽在人群中四處奔走，向參賽者借筆，又找到廢棄的寶特瓶剪開當水桶。儘管一切都很克難，但媽媽的用心與不放棄讓我重新穩定下來，於是我抓緊時間開始作畫。

時間來到十一點半，已經有人開始交卷了，而我才剛上第一層顏色。壓力再次襲來，我的手不由自主地發抖，心中不斷自問：「怎麼辦？我好緊張，怎麼辦？」這時，我想起了叔叔教的方法，呼吸十次，並在心中對自己喊話：「你可以的！」我咬緊牙關，以三倍的速度拼命畫，周圍的聲音彷彿消失。終於在十一點五十五分，我趕在最後一刻衝去交卷，發現收卷的竟然是那位鼓勵我的叔叔。「我很高興你來交卷了，你畫得真好！」那一刻，畫紙離開我的手，我如釋重負，和媽媽相視而笑，太棒了！我們終於完成了！

比賽結果採公開評審，大家可以隔著玻璃看到過程。對美術隊來說，參賽等於名次在握，但這次，大家等著看我這個新同學能有什麼表現。當得知我進入前五名時，我緊張得屏住呼吸，眼睛一眨不眨地盯著評審室。

最後，我的畫與另一位選手爭奪第一名，比分陷入二比二的僵局，而決

勝票竟由那位鼓勵我的叔叔投出。他將關鍵的一票投給了我，讓我奪得冠軍！我激動地抱著媽媽，又叫又跳。叔叔走過來對我說：「我投你一票，不僅是因為你畫得好，更因為你克服了自己。這次的勝利是屬於你的，我希望你永遠記得這段經歷。」

後來，我的作品被老師送去參加世界畫展，也取得佳績。小學時，我的雙手總是沾滿顏料，繪畫是我當時所有的美好。

然而，升上國中後，因為擔心家人經濟負擔，我選擇了普通高中，放棄了畫畫的夢想。因此，當我列出101個夢想時，「重拾畫筆，有朝一日開畫展」毫不猶豫地成為其中一項。

我原以為必須等到退休才能重拾畫筆，沒想到某年從美國遊學歸來，偶然機會遇見一位長輩的朋友，一位退休老師。他的家中掛滿了自己繪製的油畫，作品之美令我震撼不已。老師聽了我的繪畫夢，鼓勵我重拾畫筆，並邀請我到畫室作畫。後來我才知道，這位老師的作品掛在多家銀行，他不僅熱愛畫畫，更熱心公益。

這份善與美深深打動了我，我跟隨老師學習，並完成了多幅作品，甚至在中山捷運地下街及中正紀念堂捷運站展出。就這樣，我完成了開畫展的夢想！那個小女孩再也不會因遺憾而流淚，因為她已經圓滿了那段未完的夢。

3．3 只要不放棄，飛機也會等你！

放棄什麼都得不到，但盡力的結果往往超出我們的想像。

我們能得到多少，取決於自己有多麼渴望。許多步入社會的人，隨著人脈、資源、財富的積累，年少時的夢想常被封存於忙碌的日常裡。而我的留學夢從大學畢業後便深藏心中，直到今年才真正破土而出，萌芽成長。

為何選擇此時出國留學？初入社會時，我還在探索自己的可能性，不確定適合的領域是什麼。那時若貿然投身學術，未必是最佳選擇。於是我決定先拼事業，再實現留學夢想。當我重拾畫筆，完成兒時的繪畫夢後，心中深埋的留學夢也開始呼喚著我。

我不僅想繼續畫畫，更想深入探索藝術的美，因此決定申請藝術學校，結合對繪畫的熱愛和留學的夢想。這並非易事，申請前需要準備作品集、申請文件、考取學校的雅思門檻，還需妥善安排工作、與家人溝通、籌備生活費等，確保夢想與生活取得平衡。

在面試學校之前，我原本打算以畫作申請英國碩士學位。然而就在一切準備就緒時，我的選擇發生了一百八十度的轉變，最終我選擇了心理學而非藝術。做出這個決定，是因為該學科不僅能帶來共好企業家的學習機會，更能對我事業發展有所助益。透過學習心理學，我將能以科學的方法培訓人才，幫助未來的夥伴發現自我，找到方向。

申請過程時間緊迫，我原以為入學機會渺茫，沒想到居然獲得了面試機會。面試日期與我和公司團隊前往泰國會議旅遊的行程重疊，當時我以為應能順利參加，不料仔細審視時間，才發現面試時間正好在回程的飛機上，而飛機上無法使用網路。「面試與不面試」的念頭在我心中瘋狂拉扯，我真的很想爭取這次機會！

我可以向招生單位說明情況，用不可抗力為理由避開面試，但放棄不是我的風格，迎難而上才是我的本性。面試前一天剛好是自由行時間，我趕緊向領隊與導遊告假，前往百貨公司挑選正式服裝。雖然可以說明身在國外無法準備，但我還是選擇做到面試要求的「正式服裝」，以表達我的尊重與重視。

準備服裝後，重頭戲是練習英文面試。我徹夜未眠，反覆模擬情境，不斷優化自己的表達，務必做到最好。天色微明時，我迅速完成整理，來不及吃早餐便趕往機場。一路上心中忐忑不安，反覆複習準備內容，祈禱一切順利。領隊建議我嘗試調整面試順序，於是我與面試人員溝通，對方理解我的情況，調整讓我成為第一個面試者。我抓緊時間趕往貴賓室，選擇適合的角落架好設備，等待面試開始。

就在我鬆了一口氣時，一位媽媽帶著小孩坐到我旁邊，孩子活潑好動，製造了不少聲響，讓我的面試進行得十分吃力。更糟糕的是，登機廣播聲突

然響起，導遊與團隊夥伴試圖幫我爭取時間，最後我抱著I-Pad，以最快速度登上飛機，維持著笑容，迅速坐定位置，繼續面試。面試官們看著我在機艙裡綁安全帶、面對空服員來回穿梭，雖然環境艱難，我依然盡力保持從容。直到最後一刻，空服員提醒我關機，我才不得不結束面試，飛機也即將起飛。

雖然面試結果當場未公佈，但我已經感到非常開心。在這場充滿波折的面試中，我竭盡全力，若結果不如願，我也無悔於心。

經歷了這一段特殊的面試經驗後，我深刻體會到：放棄比努力容易，但堅持的收穫遠比放棄豐厚。在我不放棄的堅持下，我不僅順利獲得碩士班錄取，還取得了博士班的入學資格。我想，這樣的結果一定是因為我堅持、努力與穩定的情緒打動了面試官，為我爭取到了更多的可能。

追求夢想的關鍵在於實踐的過程，將每一個環節做到最好，結果自然水到渠成。雖然未來還有許多挑戰要克服，但我相信我終能完成課業，體驗留學生活，並取得成就與文憑。這樣的經歷不僅豐富了我的人生，也啟發了身邊的人，讓那些曾經將夢想擱置於現實之後的人，重新相信夢想其實並不遙不可及。

我的一位團隊夥伴因見證了我為夢想付出的努力，決定不再讓自己的留學夢想成為遺憾。他說，連處經理這麼忙碌的職位都能出國圓夢，自己又有什麼理由不行？

曾經他認為事業與夢想無法兼顧，光拼工作已經沒時間，更擔心回來後可能要從零開始。但看到我的成功，他燃起了希望，開始積極準備。他說：「處經理都能放下一切去留學，我有什麼不能？」

見賢思齊的力量讓我們看見自己也能做到，甚至未來走得更好。我很感恩自己選擇了保險事業，它給予我完成夢想的底氣，也讓我能走在所有人前面，成為團隊的榜樣。夢想不只是許願，只要有計劃，一切都能實現。

3·4

爲夢想瘋一回

四小時英國獨旅記

我從不羨慕別人可以隨時出發旅行，因為我擁有隨心所欲去任何地方的能力與勇氣。就像高曉松所說：「這個世界不只有眼前的苟且，還有詩與遠方。」我每年都會安排幾次說走就走的旅行，無論是想看埃及古文明還是探索其他神秘之地，我都會提前規劃並執行。

我的夢想清單上，永遠有我想要去的「遠方」，而如果我不去實現，那我感受到的永遠只是台北的車陣和繁雜，而非沙漠的滾滾熱浪和無邊的寬闊。

記得在二〇二三年公司安排的荷蘭之行，有一天是自由活動，多數夥伴選擇在飯店附近逛街或購物，而我則立刻拿起手機訂了機票和接送的Uber，飛往英國的威斯敏斯特大教堂，去朝聖我心中影響最深的墓誌銘。

雖然英國就在荷蘭旁邊，但來回也需要四個小時，這不僅需要執行力、計畫力、金錢，更需要超乎常人的勇氣。然而，我從不懷疑自己的能力，即便身在異鄉，我也相信自己能冷靜應對各種挑戰。那天，我成功地來到教堂外，短暫但滿足地一窺這個心中的聖地。

這趟四小時英國短旅雖發生了一些小插曲，但有驚無險反而為這段回憶增添了色彩。就如大家所說，計畫趕不上變化。原本安排好的回程Uber臨時取消了訂單，我望著湧動的車流，心中默默祈禱能順利趕回荷蘭與團隊會合。或許我的執著感動了上天，一位看似天使般的陌生人指引我到合適的叫車地點，在他的建議下，我順利搭上車返回機場，按時回到荷蘭與大家集合。這一趟光計程車費就花了台幣兩萬元，足以讓我記憶深刻。

隔天早餐時，一位處經理姐姐遇見我時興奮地說：「你知道嗎？聽說有人很瘋狂，居然自由行跑去英國！你知道是誰嗎？」我笑著淡淡地回答：「是我啦！」她驚訝地瞪大眼睛，不敢置信地看著我，「你……？」隨後我們相視大笑。我告訴她，我並沒有瘋，只是在圓夢罷了。更何況，不是常說嗎：「再不瘋狂，我們就老了。」我希望每個人都能有一次為夢想瘋狂的經歷，做些未來可以津津樂道的事情，那該多有趣！

或許有人會質疑，工作這麼忙，哪有時間去圓夢？但正因為在工作上已經努力達成了一定的成就，我才有機會靜下心來思考，這樣的生活是不是我想要的模樣。除了工作上的成就，我還有太多值得追求的事物！地球是一個多麼有趣的遊樂場，我們應該盡情享受。

正如三毛所言：「我不要過著一眼就能望到頭的生活，我要好好享受生命，勇敢去尋求愛和自由。」

我不希望回顧人生時，只剩下職業倦怠與日復一日的平淡。旅行和圓夢是我生命中的氧氣，它們讓我的生活豐富多彩，也因此為我帶來了更多努力工作的動力。

St Margaret's Church

3．5

這不是同樂會，是婚禮！

只要想要，任何時刻都可以很精彩！

豐富自己才能豐富他人，這就像生活的調味料，可以讓自己與其他人的人生更加有滋有味。我一直有計畫地栽培自己，不是為了賺更多錢，而是因為我堅信，要豐富別人的人生，首先要有豐富自己生命的能力。

我常和同仁分享，要成為一個豐富的人，才能擁有豐盛的人生；而在擁有豐盛的人生之前，要先豐富自己。我曾帶著團隊包辦客戶婚禮的主持與表演，替他們省下主持費用，能參與客戶生命的重要時刻，一同分享這樣的美好，讓我感到幸運與幸福。也因為有多次辦婚禮的經驗，讓我有能力替自己策劃婚禮，創造獨一無二的難忘回憶。

結婚雖然是人生大事，多數人卻不一定能夠自己決定婚禮的形式。畢竟婚禮就這麼一場，要考慮家中的長輩及其他因素，難免會有些美中不足。我很幸運遇到了一個願意和我一起體驗各種可能性的伴侶，使我們的婚禮得以圓滿，沒有遺憾。我一共辦了三場婚禮，用中規中矩的婚宴滿足父母；為自己舉行了夢幻的關島婚禮完成人生夢想，更辦了一場如同樂會般歡快的戶外婚禮，讓朋友們盡興且難忘。

我一直想要到國外舉辦一場浪漫婚禮，這也是許多小女孩的夢想。在我決定與先生開啟人生下一階段的那一年，剛好公司的競賽是招待同仁到關島旅遊，國外婚禮的計畫便開始成形。為了鼓勵團隊士氣，也為了一圓國外婚禮的夢想，那一年的口號是「完成競賽，就可以參加幸福菁霖的婚禮」。

處經理結婚是整個通訊處的大喜事，團隊因此充滿動力。我選擇在白色羽翼教堂完成我的夢想，據主婚人表示，這場婚禮是該教堂有史以來觀禮人數最多的一次。我身邊站著我最愛的人，圍繞著最棒的夥伴與家人，霎時間我感覺自己是全世界最幸福的人。

女兒嫁得好是所有父母最大的心願。回到台灣後，我們請身為總鋪師的舅舅操辦基隆的婚宴。有別於放帖收紅包的婚宴，返鄉宴請鄉里吃席是一個特別的傳統。俗話說，母舅疼外甥，舅舅對我的愛護全放在婚宴上，宴席辦得特別豐盛美味，食材都是當日現撈的A級海鮮，不僅讓爸爸媽媽臉上有光，也讓鄰里、親友見證了我的幸福。

之後，我在台北的維多利亞飯店又舉辦了一場戶外婚禮，因為能夠到國外參加婚禮的，多數都是自己的夥伴，但我的生命中還有許多一路陪伴的好朋友，包括亦親亦友的客戶。我希望他們都能參與我人生中的重要時刻，因此我的第三場婚禮充滿巧思與創意，傾心策劃。

「這是我們的新產品，您參考一下。」我一本正經地遞上編號720WP的商品DM，期待客戶打開後驚呼：「天啊！這是你的喜帖！」為了紀念我們在保險行業相遇、相知，最終攜手成立新的家庭，因此我們將婚禮喜帖設計成公司商品的DM，並以淘氣的方式邀請客戶參與。

看到他們驚訝而喜悅的表情，那一瞬間的驚喜與歡樂讓我感受到滿滿的

南山人壽幸福菁霖
720WP
婚宴特色
01 重金禮聘國際巨星蒞臨演出，保證精采絕倫
02 敬邀眾多俊男美女出席，幸福就在您身邊
03 五星酒店港藉主廚精心烹煮，給您味覺的幸福
04 豪華排場，味覺視覺聽覺共享盛宴
05 戶外雞尾酒會搭配法式馬卡龍茶點，一同浪漫夏舞
06 新人建霖♥衍菁為您盛裝，見證幸福時刻
南山人壽幸福菁霖 Wedding Party（720WP）
給付項目：浪漫午茶、巨星演出、俊男美女、精緻晚宴、隆重典禮、幸福菁霖
※請蒞臨婚宴專頁填寫回函
南山人壽
NAN SHAN
限量發售

幸福與感動，這將成為我一輩子難忘的回憶。除了喜帖的設計，我希望每位來到我婚禮的人都能感受到我的快樂與幸福，能樂在其中，而不僅僅是來吃一頓飯。因此，我以辦同樂會的心情策劃這場婚禮。

我們一開始就以 hip hop 熱舞進場，炒熱氣氛，接著播放小叮噹和大雄坐時光機回到過去的影片，回顧了我們的相識過程與與在場賓客的關係。

接著，邀請每桌派一位來賓搶答問題。這個環節看似一般，實際上我們準備了十道非常刁鑽的題目，如：「剛剛影片中，沙灘上的電話號碼是多少？」或「求婚的日期是哪一天？」等。

題目考倒了不少親友，最後贏得紅酒的竟是我的同事。這時我才發現，朝夕相處並肩作戰的團隊，正是最了解我的人。婚禮最後，我們牽手走過親友搭起的拱門，在歡笑中步向人生的下一階段。

夢想沒有極限，我相信每個人都可以擁有夢想；無論是辦一場國外婚禮、出國留學、來一趟說走就走的旅行、成為心靈療癒師、或在天空中翱翔……

我常思考，怎麼樣可以成為一個有趣的人？很多人認為把行事曆塞滿就是充實，但填進去的是一成不變的日常，還是新奇的片段，決定了人生的彩度。我認為人生不該是複製貼上，過好生活的重點在於充實人生，而非時間表。

莊子曾言：「無用之用方為大用。」夢想不一定要偉大，也可以很廢、很無厘頭。評估一件事情是否值得，不在於它能帶來多少成就，而是它能帶來多少樂趣和滿足！

我的夢想清單中，也有許多看似無用的有趣事，因為夢想不需要高大上，但一定要讓自己感到滿足、平靜與喜悅。用心創造值得回味的記憶，感受心滿意足的快樂並成為更好的自己，這才是追求夢想的意義。

我每次旅行，會從清晨五點開始，每隔一小時拍一張照片，或在不同時間段捕捉景致，感受城市不同時光的變化之美。我還想在世界各地寫生，不僅畫風景，也為陌生人畫肖像，用我喜愛的繪畫，記錄這世界的美好。

因為我想成為有趣的人，過上有趣的人生，每天都會接觸新鮮事物，感受今天的自己與昨天的不同。

我非常認同「人類因夢想而偉大」這句話，因為擁有夢想，生命便多了許多色彩。我很感謝當初那個寫下101個夢想的自己，因為圓夢的過程如同風雨後的彩虹，燦爛得讓人忘卻過程中的汗水與泥濘。

許多人起床想到面對的一切而感到痛苦，而我每一天睜開眼就充滿期待，每天都是夢想喚醒我。一想到未來十年，我還能再完成一百個夢想，甚至未來還有無數夢想等待實現，我便滿懷鬥志，覺得人生分外有意義。

不要被夢想限制住，
達標不是夢想的休止符。

上午八點

晚上十點

晚上十一點

早上四點

早上五點

早上六點

3·6 成為寶貝眼裡的精彩
媽咪沒空，她去開飛機了！

「我媽咪沒有空，她去開飛機了！」

我相信很多人常因生命中的重要他人或另一半、親人的意見而改變了原本的人生選擇，但所有「為你好」的建議，真的能讓你變得更好嗎？二十年來看盡人生百態，我想提醒大家，凡事皆有風險，愛情與親情亦然。降低風險對我們的危害是保險規劃的重點，而生活規劃也應該有避險機制。與其委屈自己、事事受限，不如大鵬展翅，聽從內心的指引盡情飛天。

許多人因原生家庭的條件限制，不得不妥協自己想要的一切，對此我深有感觸。從「一無所有」的新人到「一無所缺」的處經理，我也經歷過妥協與否的掙扎。我的家境普通，父母辛苦工作持家，眼看著一直認真求學的女兒即將成為老師，卻突然一百八十度轉彎投入保險業，這對他們是巨大的衝擊。父親因失望與擔憂斷絕了我一切可能的人脈與支持，甚至阻止親人找我買保單。面對這些因不了解而產生的阻力，我依然堅持自己的選擇，奮力開拓保險事業。

從「不適合」到「無可替代」，從被反對到獲得支持，一路走來的不易，只有自己最清楚。能在人生路上逆轉勝的最大關鍵在於「不妥協」。我不向孤立無助的現實妥協，努力陌生開發；不向沒有業務員條件的現實妥協，拼命栽培自己，用心服務客戶；不向家人的反對妥協，從地方包圍中央，直到所有人稱讚我是一個優秀又專業的好女兒，父親才終於肯定了我的選擇。

義無反顧是不容易的。為了向父親證明我可以為自己的選擇與人生負責，並讓他看到我這條路能帶來豐足和幸福，我從零開始創造了豐厚的身家。我讓父親點頭認同，並在他病榻上得以用自由與財力照顧他的一切，這讓我感恩當初的選擇，慶幸自己堅持了下來。

多數人都希望親人成為最大的靠山，但如果在選擇的當下沒有人贊同，我們也要拿出「千萬人反吾往矣」的魄力。當有人對你的人生指手畫腳時，請堅定自己的選擇；若有人要求你割捨生活來成全大局，也請反問他：「我因為你改變了決定，那你會為我的人生負責嗎？」人生的選擇不需要取得他人同意，因為人生是自己的，只有自己能對自己負責！不要害怕，勇敢捍衛自己的人生，因為我們值得遇見更好的自己。

不被他人影響最有效的方式就是「成為影響他人的力量」。我的女兒們談起媽媽時總是驕傲地說：「我媽咪是處經理，很厲害哦！她還會開飛機呢！」我一直嚮往美麗的天空，也期盼自己能有一雙翱翔的翅膀。因此，飛上青天是我的夢想之一；從事保險工作後讓我看盡世事無常，也讓我默默埋下一個想法：如果我能多一個會開飛機的技能，當危機來臨時是不是就能幫助更多人呢？雖然聽起來有點荒唐，但這確實是我真摯的動機。

我樂在許願、積極實現的身教，也影響了我的孩子。在學開飛機的那段時間，我將孩子暫時安置在婆婆家，但孩子們並沒有埋怨，反而滿懷期待等著媽媽翱翔回來分享藍天的壯麗。我告訴她們，要好好學習，等到她們可以

開飛機的年紀，我也會讓她們體驗翱翔天際的樂趣。孩子們知道短暫的分開是為了更美好的夢想，他們是我的支持者，也是功臣。

踏進保險這行，我從來沒有不忙碌的時候。我堅持無論如何都要服務到位，所以時間分配格外重要。當上處經理後，需要我照顧的不僅有家人、客戶，還有團隊。時間變得更加微分化，每天必須安排好優先順序。我不斷優化時間管理，追求最有效率的生活與工作模式。

單身時覺得投入事業是理所當然的，總希望一天能有四十八小時來工作。有了孩子後，起初會因無法全心陪伴而感到歉疚，但事業是家庭經濟的命脈，也是我生命的熱情所在。我很感謝家人、褓姆、管家的支持，讓我能持續奮鬥。陪伴孩子重質不重量，當他們漸漸理解我為何忙碌時，我會清楚告訴他們：「媽咪正在努力改變世界。」孩子們見證了我逐夢踏實的生活，也在搭建自己的夢想101，努力成為像媽咪一樣的夢想實踐家。

巴菲特曾說：「生命中擁有一個『不想讓他失望』的人是幸福的。」因為不想讓家人失望，我努力奔跑；因為不想讓客戶失望，我致力提升專業，成為他們信賴的保險專家；因為不想讓團隊失望，我帶領大家一起成長，改變世界的力量因此更強大。因為不想讓孩子失望，我盡情揮灑每個生活片刻，讓他們看到媽咪也能活得精彩、瀟灑。

我一直相信，生命之間最重要的是「影響力」。我慶幸在生命多次考驗中，我沒有放棄想要的人生。孩子們耳濡目染，未來也會受到影響。忙碌是不可避免的，只要讓孩子理解無法時時陪伴的理由，他們會學習參與並支持我們的使命。

身為女性高階經理人，我理解多重身份的挑戰與不能陪伴的感受，但只要孩子充分理解我們的付出和價值，這就是改變世界的種子。

所有人都需要「支持系統」才能更有底氣向前。一路走來，我用「用生命改變生命」及「用影響力創造影響力」的心願，在團隊、家人與客戶的支持下逐一實現。他們是我生命中「不想讓他們失望的人」，是我改變與守護世界的力量。我感恩努力不讓他們失望的自己。

人生的精彩也可以複利滾存，每天進步1%，一年便可進步三十七倍。

無論扮演什麼角色，處於何種環境，都不要妥協自己的渴望與夢想，因為創造無限個零的最前面，那個「1」是健康快樂的自己，沒有最前面的「1」，再多的零都沒有意義。

3·7 內核穩定

成爲暖心的力量

療癒是遇見另一個自己，擁有療癒的力量是一種強大的存在。

人生就像走鋼索，需要平衡再平衡，才能穩定前行，不至於因失衡而跌落。保險是服務客戶的行業，需要冷靜的頭腦和穩定的情緒，才能做出專業的建議。面對任何情況，都需要讓自己保持平衡的狀態。

當事情的過程或結果不盡如人意，我們不必糾結於已發生的細節，只要調整自己，便會迎來不同的風景。我們無法改變事情本身，但可以改變看待事情的角度，只要念轉、心轉，一切便豁然開朗。當然，這說來容易，做到卻不簡單。很多時候，團隊夥伴、親友、甚至是客戶都會向我傾訴他們的心情或表達內在需求，我常思考，除了幫他們規劃保單解決問題，我還能做些什麼？

所有能夠幫助他們的事，我都願意去做。

所有在我生命中的相遇，都是為了讓我改變世界而做的準備。

我想讓每個相遇都不負遇見。

一路走來，從語言治療、光課程、掌氣治療到希塔課程，各項療癒能力的建立，不僅讓我內在能量成長，也學會了各種協助身心靈的方法。我一直在儲備自己成為能幫助他人的存在，或許這就是上天賦予我的價值與使命！

掌氣治療，即一般所稱的「靈氣」，學習靈氣的初衷非常單純，只是希望當遇見有人需要時，我能夠即時幫助對方。沒想到第一個受益的人竟是我的父親。在疫情期間，父親因肺積水和心肌梗塞緊急送醫。當我在急診室照顧他時，看見他被病痛折磨得不適，我想起了剛學會的掌氣治療，於是試著用靈氣為他舒緩痛苦。

那一夜，我做了三遍完整的療程，看著父親的病痛逐漸減輕，心中的喜悅無法言喻。隔天醫生通知病情好轉，父親脫離危險可以出院。儘管病情不會因幾次療程而消失，但能短暫緩解他的不適，令我慶幸曾投入探索與學習的努力，我感恩這些經歷與當初的自己。

我一直以「全方位人生規劃師」自詡，不僅是保險規劃師，更是客戶的財務規劃師、生涯規劃師，甚至是療癒師。為了能更有效幫助客戶與朋友，我毫不猶豫投入數十萬學費，並考取美國語言治療師證照。

身為台灣第一屆學員，經歷了嚴謹的課程與實習，我學會運用適當的語言工具幫助自己、團隊和客戶。成為療癒師是我夢想清單中的一項，但我不賦予療癒神秘的力量形象。對我而言，療癒是一種意念的訓練和身心平衡方式，不僅是一種職涯選擇，更是日常生活中的工具，目的是用最適當的方法幫助需要我幫助的人。

療癒的方式不止一種，無論是傾聽心聲，協助對方改變思維，還是幫助他們平靜內心，都是療癒的一部分。我常運用在心靈成長課程中學到的方法，幫助客戶找到內在的平靜，更清晰自己的想法與選擇。某些時刻我也會帶領團隊一起靜心冥想，因為我相信在思緒淨化後，才能更有效幫助客戶做出人生的重要規劃。靜心讓我們專注於當下，擁有清明的思緒，這是非常重要的。

其實，每個人都能成為療癒師，都能擁有幫助他人的力量。或許有人覺得自己沒有靈性的「慧根」，但我認為每個人都可以找到幫助自己平衡身心的方法，無論是寫書法、插花、練太極，只要能讓身心穩定、情緒平衡，都是好的「內在修持」。我們要先安頓自己，才能幫助他人；先平衡身心，才能讓別人的人生更周全。這一點毋庸置疑。

無論外在或內在，只要有計畫地經營自己，專業形象和內在智慧並進，保持內在穩健與身心靈平衡，我們都可以成為源源不絕的溫暖力量。

第4章

菁營篇

打造影響力與卓越團隊的絕妙心法。

在競爭激烈的職場上
打造卓越的團隊，
是每一位領導者的終極目標。

團隊的成功並非僅靠個人的力量，更在於如何發揮群體智慧、激發成員潛能，讓每一個人都能在適合的位置上發光發熱。

真正優秀的團隊，不僅具備專業技能，更擁有同心協力的默契、勇於挑戰的態度，以及不斷進步的心態。而這些特質的形成，往往來自於領導者精心營造的團隊文化與影響力。

在這個瞬息萬變的時代，唯有不斷學習與進化，才能讓團隊保持競爭力。

這不僅僅是關於達成目標，更是關於如何將每一位成員的價值最大化，創造出1＋1大於2的奇蹟效應。

當您能夠掌握這些絕妙心法，不僅能帶領團隊走向成功，更能在過程中讓自己成為具影響力的卓越領導者。

期待我一步一腳印累積的經驗，能為您打開打造頂尖團隊的全新視野，無論是剛起步的領導者，還是經驗豐富的經理人，我相信都能從中找到啟發與實踐的方法。讓我們一起探索這些精煉的心法，掌握推動團隊向前的力量，創造屬於您的影響力與非凡成就。

4．1 人生中更高的追求

有句話說：「你的格局，決定你人生的高度。」從事壽險這個行業時，我們每天到底在拼什麼？有些人在追求競賽的連續資格，希望透過幫客戶規劃保單來達成競賽目標；有些人則不斷尋找優秀人才、發展團隊，期望透過團隊為更多人謀福祉。

而我也時常問自己：「我這一生的終極目標是什麼？我到底在拼什麼？」我無數次問過自己這個問題，最終的答案是：這一生我們什麼都帶不走，能留下的就是「影響力」。所以，我希望透過壽險事業的推廣和增才競賽持續達標，拼出一個**「完（玩）美人生」**。

那麼，完（玩）美的人生又是如何定義的呢？

完美人生並不是不犯錯或事事求第一，而是首先要相信自己，相信自己能持續進步，相信自己擁有「追求幸福快樂的能力」。我們應該以認真的心態在這個地球遊樂場上，玩出不一樣高度的美麗人生，不要輕易相信他人的否定，因為許多偉大的成就最初也看似不可能，但都可以透過努力將平凡化為神奇。

讓我們戴上正向的濾鏡，穿越人生的種種困難，以積極的態度面對每一刻，不要被那些不看好我們的人影響，也不要怪罪環境或景氣不佳，因為所有的好與壞都源於我們的心態。有心人永遠能在環境中看到機會，無心人則只會看到困境並選擇懈怠，因此「相信自己」是最重要的心理素質之一。

我曾經聽師長說過：「一個人一生的成就，取決於他對他人的貢獻。」若能如此，生活便會充滿無限的快樂。真正值得自豪的是擁有對人文的關懷與對社會責任的重視，因為這是社會進步的動力。

所以，當我們利他大於利己，並努力去做有益於他人的事情時，就是我們在工作中應該不斷思考的方向。這些思考能使我們不斷成長，成為更好的人。雖然剛出校門時，我曾將收入視為目標，但我也深知人生不應僅追求金錢，金錢應成為工具，為自己與他人創造豐盛和貢獻。

我們永遠不要低估自己造福他人的能力，不論在哪個職涯領域，都應立定理想，讓別人因為我們的存在而擁有更好的生活。若認識我們無法改善他人的生活，那我們就辜負了這段緣分。因此，在利他的基礎下，我們應熱情投入工作與生活。

人生漫長，能享受美好生活的前提是努力工作，奮鬥打拼，成為對他人有價值且有貢獻的人，同時保持身心平衡。擁有「有所為，有所不為」的人生，讓自己快樂地生活，有愛的人、有做的事、有圓的夢，也因此讓國家和世界因為我們而更加美好。

「利他」：對他人有貢獻，是我經營團隊的信念。我希望我的團隊成員能以更高的視野走完人生的旅程，讓這旅程精彩奪目，幸福滿盈。

4·2 創造價值、追求卓越、樂在生活

在我們每一個人的人生中，追求的不僅僅是物質上的成就，還有對自己和他人真正有意義的價值。

創造價值不只是商業上的考量，更是對社會、家庭、團隊及自己的責任感。追求卓越則代表著不斷挑戰自我，不斷學習、成長，並勇於突破界限。

而在這些不懈的努力中，我們最終追求的目標是樂在生活——擁有時間與財富的自由，享受生命中的每一刻。

因此，我常常在帶領團隊時，鼓勵大家深入探討如何在不同層面創造價值、追求卓越並在忙碌的生活中找到真正的快樂。

無論是在為客戶帶來保障、為家庭提供幸福，還是在團隊中發揮領導力，甚至是對自己價值的深耕，我相信只要願意與行動，都能讓生活變得更加豐盛與有意義。

因此，我也在此分享我的筆記，並祝福正在閱讀本書的你，也能通過創造價值和追求卓越，真正活出我們理想中的人生。

理想一：創造價值

・為「客戶」創造「利他價值」

保險的核心功能是「風險轉移和保障」。透過適當的保險安排，即使在經濟能力有限的情況下，客戶也能為自己和家人提供巨額保障，這不僅是一個經濟上的安全網，更是情感上的依靠與慰藉。當客戶面臨突發事件（如意

我們的理念-創造價值・追求卓越・樂在生活

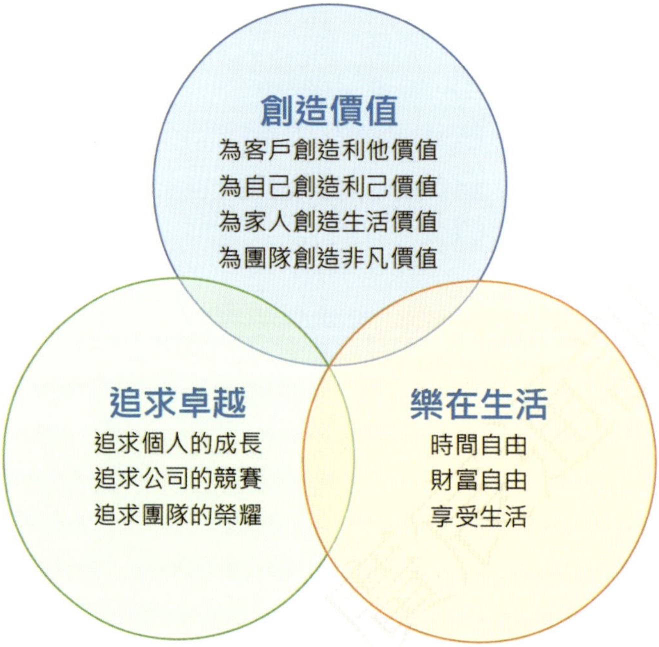
創造價值
為客戶創造利他價值
為自己創造利己價值
為家人創造生活價值
為團隊創造非凡價值
追求卓越
追求個人的成長
追求公司的競賽
追求團隊的榮耀
樂在生活
時間自由
財富自由
享受生活

衍菁・理想人生

外、疾病等）時，保險金能緩解家庭經濟壓力，避免生活陷入困境，這就是對他人的助益與關懷。

・為「家人」創造「生活價值」

在保險業工作不僅能帶來經濟收益，還可以透過良好的風險管理和儲蓄計畫來提升家人的生活品質。保險不僅是保障，還是財務規劃的重要部分，鞏固家庭經濟基礎，提升生活幸福感。

透過穩定的經濟狀況，家人能享有更高質量的生活，無論是孩子的教育、醫療支援，還是休閒享受，都能因為良好的財務安排而變得更加美好。用自主的時間守護家人的重要時刻，創造更多幸福的笑臉與美好回憶。

・為「團隊」創造「非凡價值」

團隊合作能激發個人潛力，並透過各自的特長和技能提升整體表現。就像在連續全國排名的舞台上，成員們的高水準演出贏得滿堂彩，這展示了如何利用個人才能促進團隊凝聚力，提升外部評價。

當團隊齊心協力達成共同目標時，能夠增強士氣和自信，讓每位成員感受到自身為團隊創造的非凡價值。

．為「自己」創造「利己價值」

當我們為他人創造價值的同時，也在提升自己的職業形象和能力。客戶的信任、家人的支持和團隊的認可，將有助於我們在行業中建立良好品牌及口碑，實現職業上的成功。這種正向循環不僅促進個人職業發展，也帶來更長遠的經濟回報。

我們一生的成就在於對個人、家庭、乃至國家和社會的貢獻，只有修煉和強化自己，才能為他人創造出更大的價值。這份「價值」是無可取代且無與倫比的。

理想二：追求卓越

・追求個人成長

1. **持續學習**：在快速變化的社會中，如果個人的能力和技能不斷更新，就會面臨被淘汰的風險。我們需要保持持續學習的態度，透過專業訓練、閱讀書籍和參加研討會，不斷增強專業知識和技能。
2. **自我反思**：子曰：「吾日三省吾身」。成長過程中，定期反思自己的表現至關重要。這不僅幫助我們認識到自身的優勢和不足，也能激勵我們設定新目標，努力提升。
3. **平衡生活**：成長不僅體現在工作上，也包括家庭和人際關係的改善。積極維護自己的社交圈和家庭關係，能提升整體生活滿意度，進而以更好的狀態投入工作。

・追求公司競賽

1. **設立明確目標**：公司的競賽能幫助我們確立具體目標，無論是銷售業績還是客戶滿意度，透過競賽我們能明確知道努力方向。

2. **促進內部競爭**：健康的競爭能激勵員工提升能力，增強團隊凝聚力，並創造良好工作氛圍。只有在這樣的環境中，員工才能實現真正的成長。

3. **成就感的來源**：達成競賽目標不僅是對個人能力的驗證，更是一種自我價值的體現。這種成就感能增強團隊的向心力，激發他們追求更高目標的動力。

‧追求團隊榮耀

1. **團隊協作**：團隊的成功往往源於每位成員的努力。透過相互支持和協作，我們能發揮更大的綜合效應，達成個人無法完成的目標。

2. **共享榮耀**：當團隊取得成就時，這份榮耀屬於每個成員，提升團隊士氣，進一步促進每個人的成長。

3. **助人為樂的精神**：追求團隊榮耀的過程中，助人為樂的心態十分重要。只有當我們真心關注夥伴的成長，並幫助他們實現目標時，整個團隊才能真正變得更強大。

追求卓越的過程不僅是提升個人能力，也是團隊協作和公司文化的塑造。

我們應該為自身成長負責，同時積極參與團隊競賽和榮耀追求中，共同努力創造卓越的工作環境。

這樣，我們才能在變化的市場中立於不敗之地。

理想三：樂在生活

．時間自由、財富自由、享受生活

這個世界很大，有太多前所未見的新奇事物。既然來到這世上，就要好好體驗，用有生之年享受每一段美妙經歷。

我們的眼界可以更遼闊，視野之所以可以更遠大，都要感謝當初的選擇，讓我比一般人更幸運，可以毫無顧忌地體驗生活，不因金錢或時間的限制而放棄想要嘗試的事物。

我不想成為旁觀羨慕的人，而是要成為「玩轉人生的夢想實踐家」。我已完成１０１個人生夢想，相當於已經體驗了超過一百樣人生設施，但我覺得還不夠，還可以再創造更多夢想。

在人生的遊樂場中，我選擇了保險這條路，讓我有機會完成更多夢想。

要能玩轉人生的底氣來自兩點：大量時間和穩定的財務能力。除了規劃在有限時間內體驗最想做的事情，還需要準備好足夠的籌碼，這些籌碼是金錢、品格、專業和成就。我很感恩選擇了這個「雙收」的行業，穩定的財務和自主的時間，讓我能無限實現夢想，盡情享受人生。

如果人生是一場八十多年的旅程，那麼在這遊樂場中，我們該如何度過？許多人按照一般行程去體驗人生，不錯過該做的事，覺得這樣就是值回票價；也有人隨興而行，玩得盡興。

最可惜的是有些人則猶豫不前，浪費太多時間在移動，最終留下「來不及玩」的遺憾。既然時間有限，為何不好好規劃，讓自己不錯過任何機會，玩出屬於自己的精彩人生？

許多人都是從「創造價值：對客戶、對團隊、對家人、對自己的價值」之後，就往「樂在生活」奔去，忘記了「追求卓越」，這樣一來就無法成就栽培非凡的自己，甚為可惜！

4·3 發展優質團隊專業模組＋新人宸功90天

一個優質團隊的建立，關鍵在於清晰的文化傳承、系統化訓練和精準的人才選拔。

透過有計劃的培訓和一致的理念，我們才可以打造出一支高效能的卓越團隊。有鑑於人才培育對產業的重要性，我決定不藏私的分享、探討如何發展優質團隊，並介紹「新人宸功90天」模組，為新成員鋪設成長之路。

發展優質團隊有三大要點：文化的傳承、系統化的訓練、徵選優秀人才。

一、文化的傳承

文化傳承是一個團隊的基石，它承載著智慧與精神，是透過時間形成的「共同語言」和「一致理念」，包括價值觀、信仰和行為習慣。

例如，當我們問「什麼是保險？」時，A回答：「保險是保障他人。」B說：「保險是給別人一個保障。」C認為：「保險是一種互助的工作。」這樣的回答反映出團隊成員對保險的理解各不相同，缺乏一致性，很難成為一個優質的團隊。

保險的真正定義是「多數人合作，以分散風險、消化損失的社會互助制度」。當每一位團隊成員都能夠

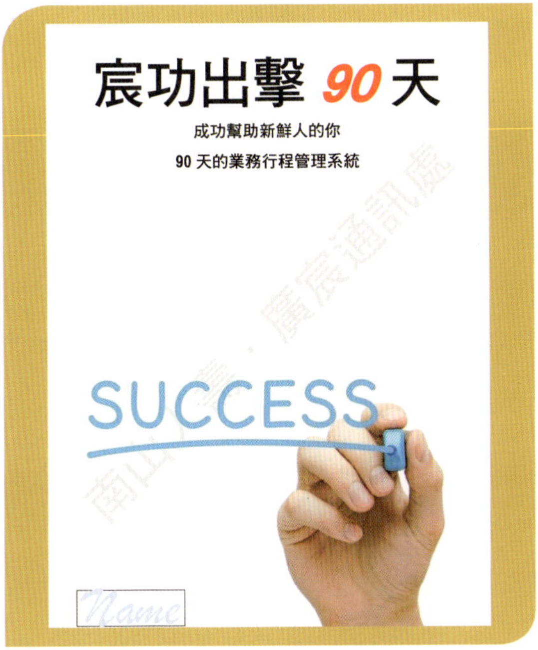

清楚而一致地表達相同的理念，這才是真正的「文化傳承」，也是優質團隊的深厚根基。這種共同的價值觀與信念，使得團隊能夠在一致性與凝聚力的基礎上穩定發展。

二、系統化的訓練

優質團隊的另一個關鍵在於系統化的訓練。團隊內的每一位成員都需要接受相同的系統化訓練。我們的單位將訓練內容分為「十大模組」，涵蓋專業技能、行為準則等各個方面。這種安排保證了新成員在入職後都能達到一致的專業水準，確保整體能力的均衡。

若團隊成員的能力差距過大，會導致溝通和執行困難。例如，當A在說明某件事情時，B卻無法理解，那麼整體運作就會受阻。因此，系統化的訓練不僅是優質團隊的標準操作程序（SOP），更是提升團隊效益和協作力的基礎。通過一致的訓練，團隊成員之間能更有效地協作，共同提升整體表現。

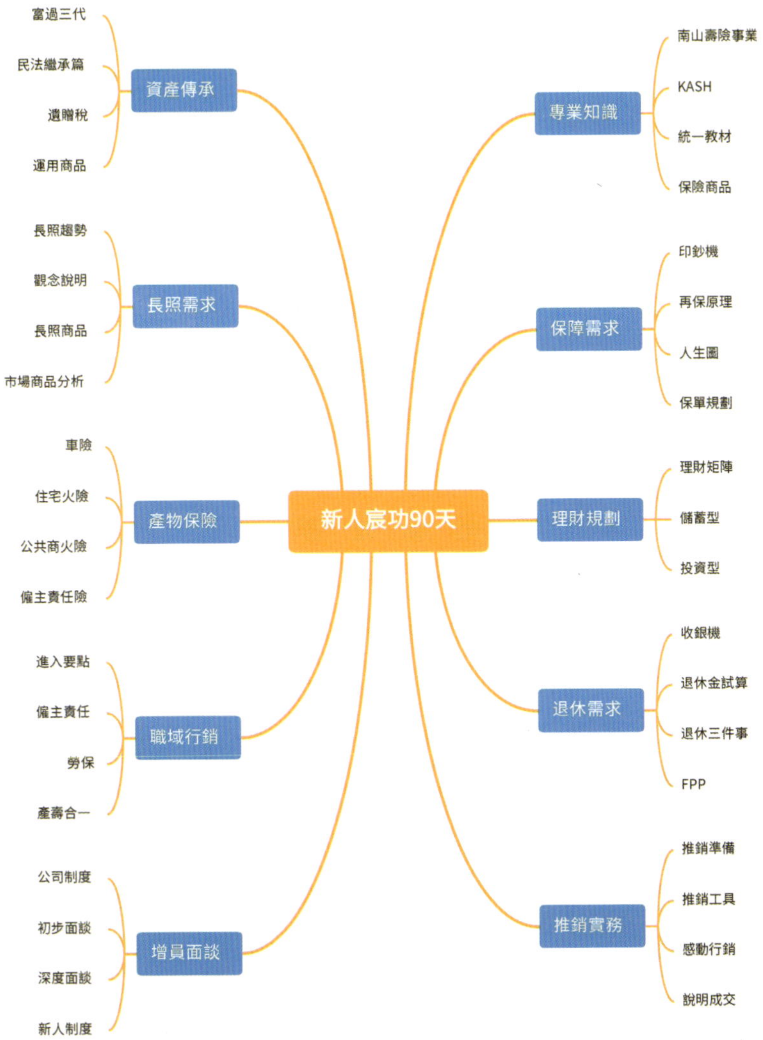
新人宸功90天
資產傳承
富過三代
民法繼承篇
遺贈稅
運用商品
長照需求
長照趨勢
觀念說明
長照商品
市場商品分析
產物保險
車險
住宅火險
公共商火險
僱主責任險
職域行銷
進入要點
僱主責任
勞保
產壽合一
增員面談
公司制度
初步面談
深度面談
新人制度
專業知識
南山壽險事業
KASH
統一教材
保險商品
保障需求
印鈔機
再保原理
人生圖
保單規劃
理財規劃
理財矩陣
儲蓄型
投資型
退休需求
收銀機
退休金試算
退休三件事
FPP
推銷實務
推銷準備
推銷工具
感動行銷
說明成交

訓練內容・十大專業模組

三、徵選優秀人才

在團隊建立時，很多人會問：「什麼是優秀人才？什麼樣的人才算是優質？」是有上進心、企圖心、熱心，還是顏值高、外表出眾呢？這些條件該如何定義？在我們團隊中，徵選優質人才的首要指標是：是否能夠「全力配合團隊的運作」。

即使一個人的業務能力很強，若在需要團隊配合時選擇獨立行事，「我不用，我自己來」，這樣自掃門前雪的心態，對團隊的發展是阻礙而非助力。同樣的，即便擁有出色的管理能力，卻對團隊安排的工作方向置之不理，「我不要啊！我不跟」、「我不喜歡啊！我想做我自己的」，這樣的態度也會讓團隊陷入困境。

因此，在選才時，能力的高低並不是唯一的考量，關鍵是能否全力配合團隊的運作。這才是優質人才的真正標準，也是我們在徵選人才時最看重的條件。

4・4 幸福經營哲學

愛人如愛己

「視卒如嬰兒，故可與之赴深谿；視卒如愛子，故可與之俱死。」這段話出自《孫子兵法・九地篇》。意思是對待團隊夥伴若能如同對待剛出生的嬰兒一般細心呵護，他便能與你一起奔赴險境；若像愛自己的孩子一樣照顧夥伴，他們便願意與你同生共死。

我常稱呼團隊的夥伴們為寶貝，因為寶貝是放在心上最在乎、最重視的人。當我們把夥伴當作寶貝，他們也會反過來珍惜我們。以愛為出發點，無私且適當地照顧大家，視他們如家人，這是我對自己的要求，也是我一直努力的方向。

《孫子兵法》中的另一句話說：「厚而不能使，愛而不能令，亂而不能治，譬若驕子，不可用也。」這提醒我們，若一味地溺愛卻失去規矩，便會將人寵壞，失去發揮的可能。因此，我們必須引導和教育夥伴，幫助他們成長茁壯，讓他們在這個行業中實現自我。

菁式團隊經營理念有五大重點。

一、管理過程，創造結果；不談業績，談日常

我們不僅重視業績，更注重每一天是否把應該做的事情做到位。細節決定成敗，過程中的用心能夠改變最終的結果。

二、團隊如家，互信互諒

我們來自不同背景，因為共同的事業結合成為家人。團隊的好來自於每一個人的用心付出，當團隊好，個人才會好，反之亦然。

隊。

沒有紀律的個人就是對團隊的傷害，因此我們要成為有紀律並合一的團隊。

三、人人都是總幹事，彼此互補

我們推行「綜合主委」制，讓每位成員都能在不同領域發揮，從人力發展到財務規劃，各司其職且互相支援。每個人隨時補位、支持，團隊才能共同邁向新的里程碑。

四、為了團隊好，朝改夕改

我們不畏「朝令夕改」，只要是為了團隊的進步，無論何時都可以即刻調整。

在資訊快速變化的時代，錯誤的方法不該沿用，我們要勇於提出建議，隨時調整以適應變局，才能創造更好的成果。

五、靜心冥想，成為心靈的支持者

壽險事業的路上，高潮與低潮交替，我們每個人都會遇到各種情緒的挑戰。希望我的存在能幫助大家沉澱心情、卸下負擔，甚至在關鍵時刻進行「心談」，成為寶貝們心靈的守護者與療癒者。

經營團隊如同經營人生，需要的不僅是策略和技巧，更重要的是一顆愛人如己的心。對待團隊夥伴如家人般關愛，用心經營每一個細節，才能打造出穩固而充滿凝聚力的團隊。

我們的每一份努力和付出，都是為了讓彼此在這條壽險路上攜手前行，成就屬於我們共同的幸福與榮耀。因為我們深知，唯有彼此支持、互相成長，才能真正走得更遠、更高。

4·5 企業家族

成爲台灣堅實力量

通訊處的名字「廣宸」，是我親自命名的。「廣」代表廣結人才，「宸」則象徵帝王居住的地方，期許每一位在這裡創業的夥伴，都能夠透過努力，白手起家，成就屬於自己的「帝王居」。

有一句話說：「獨行快，眾行遠。」一個人可以走得很快，但一群人相守同行，才能走得更遠。我一直很喜歡「雁行理論」，這個理論闡述了雁鳥以V字型飛行時，比每隻雁鳥單飛時更省力；當一隻雁鳥脫隊時，它會感到吃力，因而回到隊伍，繼續利用團隊的浮力前行；當領頭的雁鳥疲累時，它會退回隊伍中，由另一隻雁鳥出來領航，後方的雁鳥會發出叫聲激勵前方的雁鳥保持速度。

若有雁鳥生病脫隊，則會有兩隻雁鳥留下來陪伴，直到它痊癒或死亡，然後再組隊飛行追上原隊。因此，雁行理論強調團隊合作、輪流領導、激勵同伴和相互扶持的內涵。

團隊合作意味著組織成員目標一致，比單打獨鬥更快達成目標；輪流領導則是互相補位，隨時支持；激勵同伴提升運作效能；而相互扶持則是如家人般的互助，度過生命中的種種難關。

我期望加入這個產業的每一個人，不僅僅是客戶家庭幸福的守護者，更能夠成為領軍團隊的保險企業家。我的理念是成立「企業家族」，如同雁行理論般，彼此獨立又互相支援，一起邁向人生的大道，把守護的心落實在每一天，讓這種效應持續擴展，成為台灣的堅實力量。

透過團隊和企業家族，我們能夠守護更多需要幫助的人，幫助他們實現保障與理財計劃，不僅減少個人和家庭的憂患，還能提升台灣的整體競爭力。

讓社會資源用於支持成長而非救濟，這就是我們努力的方向。這樣的幸福力量，值得你我共同守護與經營。

第5章 菁心篇

以保險之初心，勇於改變世界。

每一段艱辛的旅程，都是爲成就康莊大道的磨練。

回看從保險「小白」成長為專業經理人的心路歷程，所有的辛苦都滋養出成就的花朵。

在這條充滿挑戰的道路上，我不僅學會了如何面對困難、解決問題，更在與客戶的互動中，深刻體會到專業與熱情的重要性。

每一次拜訪、每一次面談，都是重新審視自己選擇的契機，也是一遍遍堅定信念的過程。對我來說，保險不僅僅是一份工作，更是一種責任和承諾，是我用專業幫助他人、實現價值的途徑。

每個人心中都有一把火，那是我們持續前行的燃點。

對我而言，這把火就是對保險事業的熱情與責任。無論環境如何變遷，守護客戶與創造價值的初心始終未變。

從一次次的選擇中，我深刻領悟到，當我們專注於服務與守護時，工作不再只是為了生計，而是成為實現自我、成就他人、創造改變的力量。

5．1 用一輩子去愛一份事業

「從前的日子很慢，車馬郵件都慢，一生只夠愛一個人。」

——木心

我一直很喜愛詩人木心的作品，他在詩中細膩描繪了那個車馬很慢的時代，魚雁往返，一輩子的時光只夠用來愛一個人，那樣的純粹與美好深深打動了我。在這個資訊爆炸、傳遞無國界的時代，我也希望能將這份專注的精神和態度投入到我的保險事業中。這份事業所帶給我的愛與美好，早已深刻地影響了我的一生。

很多人問我，在同一個行業裡每天重複相同的工作十多年，會不會感到倦怠，或有過想要轉職的念頭。其實，我也曾遭遇過瓶頸，但即便在不如意的時刻，我依然兢兢業業地面對每一天，對客戶的服務始終用心到位，並持續帶領團隊創造佳績。當原本的目標逐漸成為日常，當所有的追求都水到渠成，我開始不斷追問自己，這些年來，我在保險生涯中的「燃點」究竟是什麼？繼續走下去的動力又是什麼？除了達成競賽、完成目標、實現夢想，並帶領夥伴們向前，還有什麼是我能夠做到的？

在一個微風輕拂的午後，我帶著十六本記錄著保險生涯歷程的筆記本，獨自來到海邊，回顧自己選擇保險這條路後的點點滴滴。耳邊傳來細浪輕輕拍打的聲音，回憶漸漸湧上心頭。

隨著翻閱這十六本手札，宛如搭上時光機重溫過往，我的腦海中浮現了三位客戶的身影：那一句句感謝的話語，那些因為保險得以解困的如釋重負，以及那些因我的規劃而未被苦難打倒的幸福表情。

這些回憶提醒著我，原來我的工作如此有意義，原來我能幫助這麼多人。胸中的熱血再度沸騰，「用保險改變世界」的理念與使命在此刻油然而生。

我渴望為這個世界帶來更多的貢獻，創造更多的價值，這是我職業生涯中一個重要的覺醒時刻。

延續點燃熱情的三把火種

我一直以身為保險人為榮，因為我知道自己所做的事情能夠幫助更多家庭免於意外的衝擊，守護他們所珍視的幸福。我深信保險是一份有意義且充滿價值的工作，特別是當我意識到自己以專業規劃的保單可以改變客戶的未來時，我會更加謹慎，用心把每一個細節做到最好。

每當我遞交理賠金時，我總是慶幸是我替他們做了規劃，讓他們在無法避免的情況下，能夠得到圓滿的結果。這份成就感成為我在保險事業中熱情不斷的薪火。即使面對挫折和低谷，只要想起那些曾經因我而受惠的客戶，我的心中就會再度燃起熊熊烈火，激勵著我繼續前行，持續守護每位客戶的未來。

我深感幸運，感恩能出現在這些客戶的生命中，我也期盼更多同業以正確的理念去做正確的事，珍惜業務專業，守護客戶的心勝過任何數字和榮譽。

熱情薪火一：因為保險的守護，意外無法撼動真情

曾經在百貨公司陌生開發時，我與一位內衣專櫃小姐相談甚歡。她提到自己購買了不少保險，但她從事寺廟彩繪工作的男友卻完全沒有保障，於是請我替他規劃了一份適合的保單。

保單成立後不久，她的男友不幸從高處跌落，導致頸部以下癱瘓。這位她為了愛情，放棄一切，全心全意照顧男友，至今不離不棄，令人動容。

而這起意外發生後，保險公司理賠了六百萬元，緩解了他們因收入中斷及醫療費用而面臨的經濟困境，並每月支付六萬元的照護費用，持續一百個月。這高達千萬元的理賠金，給予他們三十多歲後無憂的生活，是多麼重要的幫助。

失能長年病：單身

下一刻，守護自己一生。

單身的你，至少準備 10 年「收入或支出」。

共計＝ 5 萬元 ×12 個月 ×10 年
＝ 600 萬元

失能長年病：已婚有子女

下一刻，守護自己和家人的生活不被改變，量化的愛。

應規劃的額度（以 P195 司機為例）：

A ＝貸款與負債總額＝房貸 60 萬

B ＝家庭未來 10 年的責任金額總額
（最小孩子 12 歲）
＝（22 － 12）×60 萬＝ 600 萬

C ＝子女高等教育費預估總額
＝ 200 萬

共計＝ 60 萬＋ 600 萬
＋ 200 萬
＝ 860 萬

熱情薪火．保險的保障

活得太短：已婚有子女

當出門無法回家時，用保險量化對家庭的守護。

應規劃的額度（以 P198 夫妻為例）：

A ＝（22 歲－最小子女年齡）
×年收入或支出
＝（22 － 2）×50 萬＝ 1000 萬

B ＝負債＝房貸餘額 1000 萬

共計＝ 1000 萬＋ 1000 萬
＝ 2000 萬

我感謝當初有機會為他規劃保單，這張保單就像為他們的感情加上了防彈玻璃，讓意外無法摧毀他們之間的愛。深情在現實與時間的磨礪下可能會被消耗，但保險適時提供了堅實的守護。

雖然這樣的事故令人遺憾，但我更深刻體會到自己的工作有多麼有意義。

當初我為他規劃的保單成了他們生活的守護，讓他們能攜手走過困境，意外不至於成為親人或愛人的負擔，也減少了對社會和國家的壓力。這讓我重新感受到身為保險從業者的初衷，就是「守護客戶，幫助每一個家庭渡過人生中的意外。」

熱情薪火二：保險保護的是每個家庭的幸福

我有一位客戶是環保局的垃圾車司機，因為工作需要長時間久坐，導致腰部疼痛，經醫師診斷為椎間盤突出。不料在進行骨刺手術後意外癱瘓，無法再過正常的生活。

這突如其來的變故，如同家中經歷了一場九二一地震，經濟支柱瞬間崩塌，所有的生活和經濟壓力都落在太太身上。他們家中還有多個孩子需要照顧，最大的才高一，最小的僅國小五年級，正值需要大量支出的階段，一家人的生活頓時被黑暗籠罩。

我竭盡所能為客戶爭取權益，保險公司最終理賠六百萬元，並提供一百個月的意外雙倍津貼，總共理賠一千兩百萬元。這筆錢如及時雨般，讓他太太的肩膀頓時鬆了一口氣，家庭生活品質和孩子的教育都得到了保障。

成為一雙看見世界美好的眼睛

「等一下，我先拍！」坐在澳洲的海邊，我舉起手機拍下美食佳餚和周圍怡人的景色，並發送給遠在台灣的他，因為我答應過要成為替他看見世界的眼睛，而我一向是說到做到的人。從那時起，無論身處何地，我都會第一時間分享我的所見所聞。

這位我時常分享訊息的對象不是家人、朋友或閨蜜，而是我的一位客戶。很多人或許會以為這些照片只是群發的訊息，但其實不然，我是一個生活低調的人，唯獨對這位客戶，無論走到哪裡，都會特地拍下景色和美食給他看。

我在俄羅斯街頭拍下金髮美女傳給他問「辣不辣？」；在澳洲的海灘上拍下自在玩耍的人群告訴他：「你看，胖不胖根本不重要，自信就是美。」他的回覆總是充滿興致，彷彿也在同一時間與我站在同樣的地方。

這位客戶因手術失敗導致癱瘓，平日僅能由妻子陪同乘坐康復巴士做復健，其餘時間都困在三樓的房間裡，盯著窗外，無法行走，無法自由活動，時常感嘆生不如死。每次探訪他，看著他消沉的模樣，我心裡無比心疼，於是告訴他：「沒關係！讓我帶你環遊世界！」他以為我只是玩笑話，但我認真地說：「我可以成為你的眼睛，你在這裡，依然可以跟我一起看見世界。」

從最初的意興闌珊，到如今興致勃勃地看著我從世界各地傳回的照片和訊息，他的心情漸漸開闊起來。踏入保險業之前，我從未想過，原來業務員的工作可以如此有意義，足以改變生命、創造美好！

當初為這位客戶規劃保單時，只是希望他能得到足夠的保障，保單的設計考量至少能保障十年的生活，為他的家庭和未成年孩子們提供長期支持。一張用心規劃的保單，能夠妥善保護整個家庭的未來。

熱情薪火三：保險讓愛可以留下來

我的客戶中有一對感情深厚的夫妻，他們曾一起到帛琉潛水。就在他們倘徉於藍色海洋時，太太突然溺水，先生不顧一切搶救，卻雙雙溺斃，留下兩名年幼的孩子，一個兩歲，一個四歲。

面對這突如其來的變故，四名手足雖願分擔撫養責任，但撫養遺孤重任在肩，經濟壓力不免令人擔憂。當我告知有兩千萬理賠金可以照顧這兩個孩子，從生活費到教育金都無需煩惱時，家人們握著我的手，無限感激。

這次經歷讓我體會到，原來保險一支筆、一張紙所規劃出的保單，可以為一個家庭提供這麼大的守護。感謝保險，讓往生者安心離去，讓在世者無懼未來。這份愛，讓失去雙親的孩子依然能繼續接受教育，不會成為社會的負擔，保險成為安定社會的力量。做對規劃，不僅能讓老有所依，也能讓幼有所養，即便出門未再歸，也能安心放下牽掛。

保險業務員的價值，遠遠超越一般的認知，不僅協助客戶規劃人生，更讓無數家庭在困境中得到實質的支持，將愛轉化為財富傳承，確保幸福不因意外而中斷。

5・2 微行動大影響

用保險改變世界

正如同英國威斯敏斯特大教堂的墓誌銘所說，改變自己，是改變世界的起點（詳見左頁）。

這段墓誌銘告訴我們，改變世界始於改變自己。我相信，每個人都可以透過改變自身，影響周遭，甚至讓世界變得不同。

我一直認為，能夠在保險業服務客戶是幸福且有價值的事，因為保險的影響遠超出一般人的想像。

「當我年輕時，我的想像力無邊無際，我夢想著改變這個世界。隨著年齡增長，我發現改變世界是不可能的，於是我縮小了目標，轉而想改變我的國家。但結果依舊無法如願。步入晚年後，我退而求其次，決心改變我的家庭，然而最終這也未能實現。當我躺在病榻上時，才驚覺：如果一開始我先改變自己，或許就能成為榜樣，進而影響我的家庭，並在家人的支持下，對國家有所貢獻，甚至最終改變這個世界。」

"When I was young and free and my imagination had no limits, I dreamed of changing the world. As I grew older and wiser, I discovered the world would not change, so I shortened my sights somewhat and decided to change only my country. But it, too, seemed immovable. As I grew into my twilight years, in one last desperate attempt, I settled for changing only my family, those closest to me, but alas, they would have none of it.And now, as I lie on my death bed, I suddenly realize: If I had only changed myself first, then by example I would have changed my family. From their inspiration and encouragement, I would then have been able to better my country, and who knows, I may have even changed the world."

我們能為客戶規劃足額保障，讓生活無虞；累積退休金，保障老年無憂；提供醫療照護支持，避免侵蝕退休金；做好資產傳承，讓子孫豐足；甚至將愛擴展到公益，造福更多人。透過保險，我們能將愛傳遞，把改變世界的力量具體化。每天，我們所做的每一件事，都在改變這個世界。

用保險改變世界 *No. 1*：足額的保障

曾經有一位餐廳經理高先生，在半夜起床時不慎跌倒撞傷頭部，但他未加注意，回到床上後便沉沉睡去，再也沒有醒來。

這一不幸的意外對他的家庭造成了沉重打擊。年近七十的父母面對失去未婚兒子的悲痛，無法承受這突如其來的變故，幾乎想隨他而去。我帶著五百萬的理賠金告訴他們：「這筆錢是高先生希望能照顧您們未來生活的資金。」雖然白髮人送黑髮人令人心碎，但這筆理賠金至少能保障他們未來十年的生活無憂。

除此之外，幾年前台南維冠大樓在小年夜倒塌，保險公司總計理賠一．六八億元，然而每名罹難者實際獲得的金額不足一百五十萬元。數年後，太魯閣號意外事件同樣引發高達一．四億元的理賠金，但每名罹難者僅領到兩百七十五萬元。

試想，若類似的事故發生在自己的家庭，這些理賠金根本不足以支撐家人的未來，尤其當家庭的經濟支柱突然倒下時，一兩百萬的理賠金在扣除喪葬費後，能否真正保障家人的生活品質？家人之間的「口袋」息息相關，任何一人的意外都可能重創家庭整體。因此，我的首要目標就是提高國人的壽險保額。

根據壽險公會的統計，平均每人死亡理賠僅為六十六萬元。若按平均薪資來計算，這筆金額僅能維持家庭一年的開銷，對家庭無法產生長遠實質的幫助。因此，作為保險從業人員，我認為最重要的是提升台灣人的壽險保障。

意識到這點後，我帶領團隊為增加台灣的壽險保額而努力。如果每位客戶年薪五十萬元，我們希望幫助他們達到十倍的保障，也就是每人擁有五百萬元的壽險身價。若我們每年能為五十位客戶達成這樣的保障，那麼一年內，我們便為台灣創造了多達二・五億的保額。

保費與保額是兩個不同的面向，保費是客戶支付的費用，而保額是保險公司為客戶提供的保障。我們的目標是幫助客戶成為擁有年收入或年支出十倍身價的人，即使不會讓保費大幅增加，也能解決實際需求。如此，我們便在改變台灣社會，讓每個家庭更具韌性。

用保險改變世界No. 2：樂活的退休

在我的客戶中，也有一些拒絕規劃的案例。他們將積蓄投入民間企業放款以獲取高利，但最終血本無歸；或是靠股票投資賺取高報酬，卻因市場波動賠得一無所有，導致退休後仍需打工維持生計；還有些人無法抗拒月月分紅的誘惑，結果被騙光所有積蓄。他們常在事後感嘆，如果當初用保險好好規劃，現在就能安享晚年了。

曾在長榮服務的鄭經理，四十多歲時與我結識，我為他規劃了家庭保障

用保險改變世界

No.1：足額的保障
每月 4 位客戶，每年 50 位，以保額 500 萬元計算，每年可創造 2.5 億的保障，為台灣更多家庭提供守護。
No.2：樂活的退休
每月 3 位客戶，每年 36 位，至少 300 萬退休金 ×36 位＝ 1.08 億，守護台灣人的退休生活。
No.3：資產的傳承
每年至少為 2 位高資產客戶守護資產，實現億萬資金的傳承，保護畢生努力的成果。
No.4：財富的累積
每月 3 位客戶，每年 36 位 × 累積 1 桶金＝ 3600 萬，幫助更多人成為百萬富翁。
No.5：堅強的後盾
每月 2 位客戶，一年 24 位 ×500 萬＝ 1.2 億，守護台灣人不成為家人及社會負擔。
No.6：公益保單
每年邀 12 位，募集 1200 萬元公益資金，守護台灣的堅實力量。

計劃，其中一個重點就是他的退休金。我告訴他，把保險當作多養一個兒子，這個兒子未來會照顧他一輩子。果然，鄭經理在前年退休後，政府、企業及我們規劃的退休金相加，每月達到十二至十三萬元。

他開心地告訴我，感謝我的規劃，讓他可以在退休後每月發零用錢給三個孩子，支持他們面對房貸和養育孩子的壓力。他覺得自己成為一個很受歡迎的阿公，這一切都非常值得。

隨著科技與醫療進步，人們的平均壽命不斷延長，退休金缺口成為普遍的擔憂。許多人害怕老後積蓄不夠，無法維持生活品質，也不願增加家庭或子女的經濟負擔。

充足的退休金是老年快樂生活的保障，但不是每個人都能擁有無憂無慮的退休金。

以每月四萬元收入的人為例，工作四十年後的退休金仍不足四萬元，難以維持退休前的生活水平，更不用說醫療及保健費用的支出。因此，協助客戶創造80～100％的所得替代率是我們的重要使命。

我帶領團隊每月為客戶規劃樂活退休金，期望每位夥伴每月能幫助三位客戶儲存至少三百萬元的退休金。如果團隊一年能幫助三十六位客戶完成規劃，那麼我們將為台灣社會創造出一・〇八億的退休金。

對於高收入的客戶，規劃五百萬或更高的退休金並非夢想，而是可實現的目標。想要擁有怎樣的退休生活，全憑我們的規劃與努力。

用保險改變世界No. 3：資產的傳承

十餘年前，我因為一通電話開發結識了蕭媽媽，她是百年老店的經營者，累積了豐厚的財富，並請專業人士為她進行各類規劃。疫情過後，她選擇將部分規劃交給我處理，但由於高齡的原因，她的部分資產無法進行有效益的規劃。當她往生後，家人打開銀行保險箱時，我看見了她所有的文件。二十年來，她的財富原封未動，原因是有人不斷說服她到期後解約重投，二十年來一億仍然只是一億，這讓我感到十分痛心。

在協助處理後事及保單安排時，我與她的家人分享了「中國爺爺與外國爺爺」的觀念。家人們聽後決定，從現在開始，讓他們的家庭也能加入世世代代都是億萬富翁的行列。

一個正確的規劃可以保護一個家庭世代累積的財富，而一個不負責任的規劃則可能讓資產無形中縮水。每一張保單都會兌現，我們必須讓良心高於企圖心，真正守護每一個客戶的家庭，這才是我們作為保險從業人員最應該秉持的初衷。

資產傳承在保險這個領域，往往不受高度關注。許多人一生努力，期望將心血留給摯愛的家人，但因繼承順位、隱藏人物、提前贈與及價值不均等因素，常引發爭議甚至家庭危機。

沒有人願意看到親人因爭產而反目，因此資產傳承的規劃尤為重要。透過保險，我們能幫助客戶放大資產，將財富合理地傳承給下一代，避免不必要的家庭紛爭。

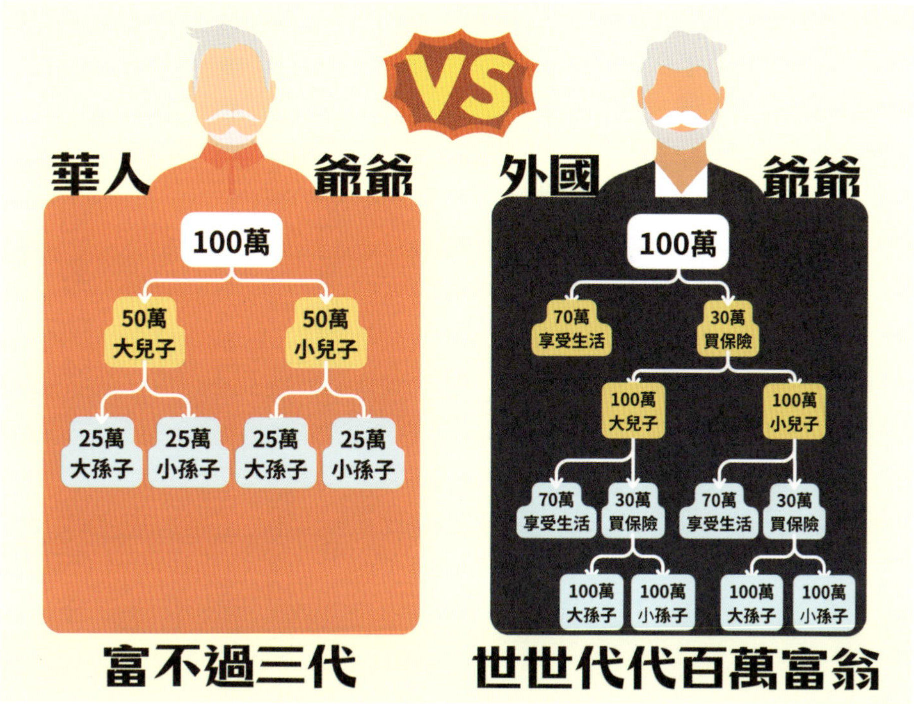
VS
華人 爺爺
外國 爺爺
100萬
50萬 大兒子
50萬 小兒子
25萬 大孫子
25萬 小孫子
25萬 大孫子
25萬 小孫子
100萬
70萬 享受生活
30萬 買保險
100萬 大兒子
100萬 小兒子
70萬 享受生活
30萬 買保險
70萬 享受生活
30萬 買保險
100萬 大孫子
100萬 小孫子
100萬 大孫子
100萬 小孫子
富不過三代
世世代代百萬富翁

資產傳承：華人爺爺和外國爺爺

用保險改變世界 No. 4：財富的累積

張先生和張太太是中小企業主，經我多年協助為他們規劃財富累積，以因應退休、子女教育及未來所需的各類資金，並設立專款專用的財富管理計劃。幾年前，由於疫情影響，他們的公司遭受供應鏈斷裂、廠商無法支付款項等連環衝擊，最後公司和家庭都被貼上封條。

幸運的是，透過多年來在保險中的累積，他們能夠保住所有資產，在危急時刻保住家庭，並在數年後以這筆資金東山再起，重新創業。這次經歷深深震撼了我，我明白自己守護了他們在人生最痛苦的階段，幫助他們度過了一次又一次的難關。

我喜歡幫身邊的人升級成「百萬富翁」，常常問客戶：「要不要成為一次百萬富翁？」理財很重要，很多人嚮往財富自由，但缺乏良好的理財觀念而錯失良機。保險雖然利率不如其他投資商品，但它是最安全且強制性累積財富的方法。保險不是賺錢的途徑，而是理財的工具。透過正確的理財觀念和累積，財富不僅可以支持創業、生活，也是能照顧未來的安定基金。

專業的保險從業人員需具備幫助客戶解決生老病死及生涯規劃的能力，協助他們累積財富。當我們幫助每個人累積資產，也是在縮短世界的貧富差距。

用保險改變世界No.5：堅強的後盾

我的親戚中有位長輩劉奶奶，因中風和失智而臥床，由三個兒子分擔照顧費用，包含看護和生活開支，每月近六萬元，一年高達七十～八十萬元，十五年間共支出近一千兩百萬元。

當劉奶奶去年往生時，劉爸爸對孩子們說：「爸爸現在終於能帶你們出去玩了，以前十五年都因為照顧奶奶，家裡沒有多餘的錢。」說完，他流下了眼淚，這眼淚中有對孩子的虧欠，也有對母親的不捨。因此，為自己做好規劃，避免成為家人的負擔，是非常重要的。

人生如同單行道，從出生、求學、創業、結婚到養老，充滿了美好和挑戰。當步入生命的最後階段，每個人都希望能過上豐足的生活。這時候，退休金用於日常開支，醫療費應付看病，照顧費準備應對意外負擔。很多人卻因理財不當、年輕時沒有做好規劃，或退休金被家人借用而過得不如預期。當風險來臨，就成為別人的負擔了。

統計顯示，每個人的退休醫療費至少需準備四百萬元，但長照投保率不到三成，對上有老下有小的三明治族群來說，長期照護是一大負擔。平均每五人就有一人因照顧家人而離職，造成兩百二十萬人的離職潮。

因此，若我們的夥伴每月為兩位客戶規劃長照金，每人有五百萬元的準備金，則每年便有二十四位客戶的未來獲得保障，為台灣創造一・二億的長照帳戶，讓老年人免於生活困頓、醫療窘迫及家人的負擔。

用保險改變世界 *No. 6*：公益保單

我曾因演講受邀出書，一位董事長在演講後與我交流，鼓勵我將公益理念寫進書中，讓愛不止息。現代社會少子化盛行，許多成功人士在離世後，遺留的鉅額財產可能在無形中以稅務等形式「充公」。如果這些資金可以用於公益事業，將對社會有巨大幫助。

因此，推動公益保單成為一個很棒的選擇。若每年能邀十二位家人、朋友或客戶參與公益保單計劃，每年可募集到一千兩百萬元資金，為公益團體注入更多能量。透過保單，不僅能將財富遺留給家人，還能將愛擴展，影響更多人生。

改變一個人的教育就能改變他的人生，進而影響他的家庭。當多數家庭因為我們的努力而改變，社會也會隨之進步。

我曾將一百場演講的收入捐給孤兒院與育幼院，支持孩子們的生活與教育。這原本只是希望為孩子們提供穩定的支持，但靠個人力量仍是杯水車薪。我希望未來能推廣公益保單，讓愛綿延不絕，發揮更大效益。

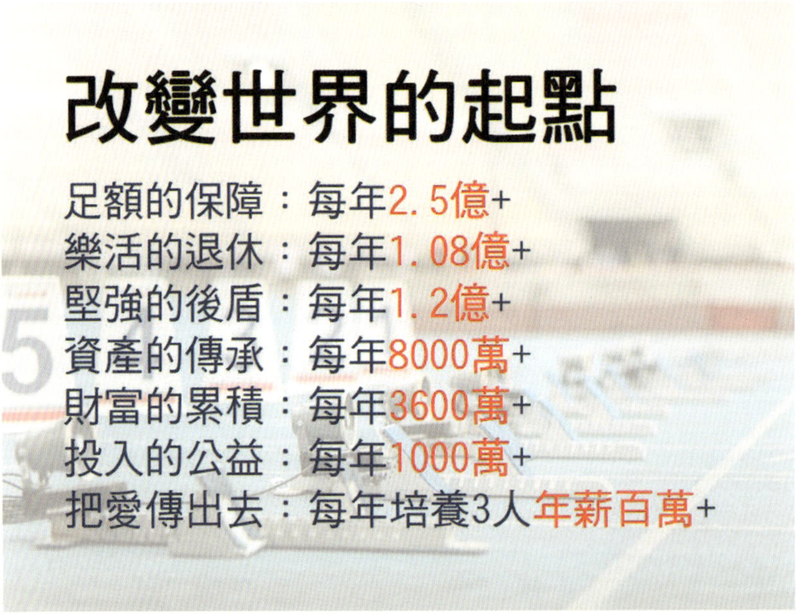
改變世界的起點
足額的保障：每年2.5億+
樂活的退休：每年1.08億+
堅強的後盾：每年1.2億+
資產的傳承：每年8000萬+
財富的累積：每年3600萬+
投入的公益：每年1000萬+
把愛傳出去：每年培養3人年薪百萬+

· 用保險改變世界 ·

公益保單的三大區塊

公益保單建立在三個主要的區塊：現有保單身故理賠的1％～10％指定、還本金指定，及分年給付指定，以下分別加以闡述：

一、現有保單身故理賠的1％～10％指定

多數保單都有身故理賠金，將1％～10％的理賠金指定給公益團體，是一種兩全其美的行善方式。

二、還本金指定

許多人選擇定期還本的保單，可以全數或部分指定每年還本的對象為公益團體，為他們提供穩定的財源支持。

三、分年給付指定

將公益保單分年給付，即使我們不在，愛依然能夠留在世上。曾有高資

產客戶將保單金額分三十年捐給不同的公益團體，讓自己的愛在離世後仍能持續影響未來。

在國外，公益保單已行之多年。曾在新加坡的演講中，講者鼓勵每人每月捐出一百元，將保險理賠的一部分用於公益，獲得台下聽眾的熱烈響應。當天便募集到上千萬資金，幫助了許多公益團體。

公益保單的善行在全球各地廣為流傳，我希望促成公益保單在台灣的普及，讓善舉遍地開花。如果每個家庭都做了完善規劃，不僅保障自身，也提升了社會競爭力。

5・3 用保險改變世界 No. 7

攜手共進，把愛傳出去

阿基米德曾說：「給我一根槓桿和一個支點，我將舉起地球。」在我看來，保險就是那根槓桿，而行善就是支點。透過保險，我們可以撬動世界，改變現狀，將愛傳遞到更遠的地方。

對許多人來說，保險行業的魅力在於收入無上限和時間自由度，但我認為保險的真正魅力在於能連結更多力量，把愛傳出去，改變世界。保險是改變世界的起點，我們若能幫助身邊的人做好規劃，解決不同人生階段的風險和難題，就能使他們在面對風險時充滿準備，不必成為社會的負擔。

如果台灣不必用納稅人的錢去救助老、殘、貧，那麼這些資金便能被用於提升國家競爭力和發展，無形中也讓台灣在世界上有更高的排名。我們不僅用保險改變了台灣，也在為改變世界貢獻一份力量。

「改變世界」聽起來是個宏大的夢想，但我並不認為這是一個遙不可及的目標，相反地，我相信每個人都能做到。當我們專注於自己的本業，並做到最好，就已經具備改變世界的潛力；就像一棵樹長得高大後，無法再向上生長時，它便會向下扎根，穩固地站立，或是向上開展枝葉，庇蔭眾人。

我們的生命也需要開發「內在的力量」。當我們能安穩度日，不再為生活風雨所困擾，就應該將力量傳遞出去，幫助更多人，成為他們在困境中的庇護。

坦白說，許多人在面對保險時，會因為遇到的業務員不同，結果也大相徑庭。很多人明白保險的重要性，但不知道該如何規劃，於是全權交給業務員處理。等到保單兌現時，才發現手中的保單能帶來的保障可能與期望不符，往往為時已晚。我希望，更多人的人生能因為遇見我而有所改變。就像賈伯斯用科技改變世界，我則希望透過保險改變世界，把愛傳出去，將助人的理

期盼與大家攜手並進，
打造用保險守護台灣的「百億團隊」。

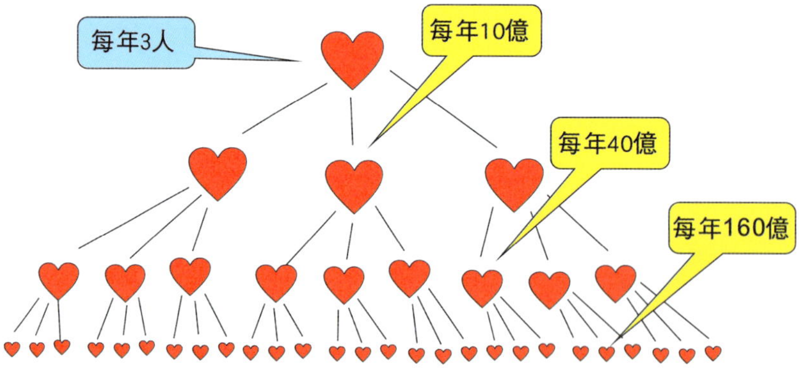

·把愛傳出去·

念傳遞給守護台灣的每一個人。

我常常感到，保險是一個讓我引以為傲的事業。我們所做的每一件事看似微小，但日積月累間正在改變這個世界。如果一年能幫助五十名客戶，每人擁有五百萬的保障，我們就為社會創造了二・五億的保額。若再帶著三個人一起做同樣的事，四個人一年創造十億的保額，再一年四十億保額，再下一年已達一百六十億保額。

如果更多人加入進來呢？就如同《把愛傳出去》這部電影中的情節，這種力量會成倍增長，迅速擴大。因此，多年來，我一直致力於尋找追夢人，培養優秀人才，並號召更多人一起投入改變世界的行列。

5・4 兌換更好的未來
做個你未來也想遇見的人

獎勵過程，而不是結果

有一陣子，「犒賞自己」的概念很流行，但我從不會告訴我的孩子，只要表現好就可以得到物質獎勵。當孩子彈琴彈得好時，他最大的獎勵並不是一個禮物，而是他在練琴過程中感受到的成就感，以及我作為母親所共感到的喜悅。

我認為，團隊中最值得鼓勵的並不是那些光輝的高峰或是簽下鉅額保單的時刻，而是一路上的努力和付出。因為只要過程做好，成果自然水到渠成，獎勵只是錦上添花。而得獎有時也帶著運氣成分，可能就差那麼一步無法達到目標，但這不應該否定那些走過的九十九步的努力。

每一個小小的進步累積起來便是優秀，而優秀的累積便是卓越。我一直思考，如何讓團隊發揮所長並變得更好。為此，我希望獎勵在每個過程中付出努力的夥伴們，於是我設計了「菁幣」。

只要在「用保險改變世界」的行為中有所表現，例如推廣愛心、足額保障、規劃樂活退休、提供堅強後盾、幫助客戶累積財富及參與公益保單計劃等，達到條件便可獲得菁幣。團隊夥伴可以用菁幣兌換大創抵用券，用來購買客戶小禮物或卡片，也能兌換通訊處活動的抵用券，邀請客戶參加活動如狼人殺或桌遊；還可以兌換名人下午茶及通訊處的春酒活動。

其中，「名人下午茶」是我為同仁們設立的「成長鷹架」，不論夥伴們想向哪位大師請益，我都願意力邀促成，讓他們有機會與高手深入對話，這是最直接也是最具影響力的學習方式。

「擁有優質團隊」是每個處經理的心願，而我不僅僅想要建立一個優質團隊，更希望打造一個事業的共同體。

菁幣的設計初衷就是為了獎勵每個人在過程中每一步的努力。從完成六成以上出席率、通過內外測驗、拿到登錄證、進入優才班，到在規劃客戶終身及定期險上達到一定保額，或是為客戶設立長照醫療保障、累積財富、甚至將受益人設定為公益團體等，都能夠獲得菁幣，循序漸進地激勵大家。從簡單到困難，每一個行動都賦予意義，我深信過程決定結果，只要改變過程，就能改變結果。菁幣就是這個過程中的改變動力。

對於夢想而言，最重要的是實現的過程。我希望能以一己之力，幫助團隊成為更好的自己，讓大家在用保險改變世界的同時，也能用菁幣兌換一個更美好的未來。

菁幣等你來拿唷

達成以下條件可獲1枚

- 月出席率6成
- 把愛傳出去－公輔班
- 把愛傳出去－內測通過
- 把愛傳出去－外測通過
- 把愛傳出去－登錄
- 把愛傳出去－上優才
- 足額保障－定期累計每500萬
- 足額保障－終身累計每100萬
- 樂活退休金－累計每100萬
- 堅強後盾－定期長照60萬
- 堅強後盾－終身長照12萬
- 堅強後盾－實支實付75-85歲
- 堅強的後盾－實支實付HSD-20萬
- 財富的累積－累計每半桶金50萬
- 公益保單－新保單受益人其一是公益團體

達成以下條件可獲50枚

- 完成一件資產傳承保單（保額4000萬或130萬美元）

使用方式

- 10枚-大創門票一張抵用卷100元
- 40枚-通訊處月活動抵用卷300元
- 100枚-名人午茶抵用卷600元
- 200枚-通訊處2023春酒一名來賓抵用卷1000元

· 菁幣 ·

結語與邀請

結語

一起成爲改變世界的 *Somebody*

這一輩子，你的終極目標是什麼？你最想留下的是什麼？對許多人來說，答案可能是「錢」。的確，財富是多數人所追求的，也可以視為某種形式的「愛」。人們一生辛苦打拼，積攢財富，無非是為了讓自己和所愛的人過上無憂無慮的好日子。

然而，我認為有一樣東西比金錢更重要，那就是「影響力」——改變這個世界變得更好的能力。真正的富足，是當你有能力時，不僅能照顧自己和所愛的人，更能幫助那些需要幫助的人。當我們可以從手心向上轉為手心向下，就代表我們已經富足，並且願意將這份富足分享出去，讓更多人得到幸福。

我感恩自己身處這個有良好制度的行業，讓努力和收入成正比，並能在組織與個人雙軌收入中體驗到薪水無上限。我從未想過自己有朝一日會達到年薪千萬以上，而如今我不僅做到了，還不斷超越自己。

當收入超越某個層級後，我思考的不再是如何滿足自己的生活需求，而是如何用這份富足創造更大的影響力，打造善的循環，取之於社會，回饋於社會。我的夢想開始轉了彎，我希望能讓更多人感受到幸福。

我曾將一百場演講的收入全數捐出，優先幫助孤兒院及育幼院的學童，希望能培養更多未來的好苗子，成為參天大樹。

雖然社會上需要幫助的人很多，我們經常聽到「救救老殘窮」，但我更希望能幫助國家未來的主人翁，因為他們是未來的希望。積少成多，捐出一百場演講費，是我守護孩子們的第一步心意。

過去十多年，我的行善焦點集中在學校的孩子們身上。一開始我成立「清寒獎學金」，幫助貧困學生解決溫飽問題，避免他們因生活所迫而放棄學業。後來，我將其改為「清寒優秀獎學金」，因為我希望孩子們除了滿足基本生存需求外，還能追求更高的目標，努力成為更好的自己。

雖然我們無法選擇出身，但可以選擇成為什麼樣的人，因為人生的劇本可以由自己書寫。「優秀」這個條件，是我對孩子們的期許，希望他們勇敢追夢，擁有改變人生的力量。

我的人生並非一帆風順，也有過雙手向上的時刻。大學時期因為打工不順，加上錢包失竊，當時我陷入經濟困境。打工補習班的負責人得知後，主動拿了三萬元幫助我，雖然我婉拒了他的好意，但他心疼我這個小女生的不易，堅持要我收下。那筆錢讓我在困難中得到喘息的機會。畢業後第二年，我便將錢還給了他，他非常驚訝，笑說從不期望借出去的錢會再回來，而我是唯一還錢給他的人。我們從此成為莫逆之交。

這筆錢不僅幫助了當時困境中的我，更讓我體會到得到幫助的感激與溫暖。這段經歷讓我明白，需要幫助的人收到及時雨的心情，因此我決定要幫助更多的人。但真正帶來改變的，不是金錢本身，而是這筆錢所帶來的希望和改變的力量。

我不想只是捐錢給某些單位，而是想成為改變生命的力量。點燃星火，足以照亮生命！

站出來，意味著勇敢被看見，成為引領方向的光。就如同全人規劃讓我們成為人生順利滾動的巨輪，擁有良善循環的影響力足以改變這個世界。我不是愛出風頭的人，更多時候，我默默付出，為善不欲人知。但為了改變世界的理想，我願意站出來，成為一個 Somebody！唯有如此，才能影響更多人一起改變這個世界。

就像我想要出版這本書的初衷一樣，期望結合更多力量，讓善的能量循環，生生不息！這本書寫給保險小白的你、渴望圓夢的你、希望翻轉人生創造無上限收入的你，和願意與我一起攜手改變世界的你。書中有我的夢想、努力、對團隊的付出與對世界的愛。這本書的發行，不僅是傳遞我的「菁彩人生」，更是改變世界的起點。

《北菲諜影》中有段話是這樣說的：「你的氣質裡，藏著你曾讀過的書、走過的路、愛過的人」。我的壽險事業裡，有著我曾照顧過的每一個家庭、帶過的每一個團隊夥伴、拼過的每一場競賽，這一切豐富了我的人生軌跡。

而現在我「用保險改變世界的理想中」，有著擁有無比愛心的大家！衍菁將把出版所得用於捐贈救護車「耶魯愛絲一號」，其名字中的「一」代表愛的開端，更代表因為有每「一」個你，世界因此變得更加美好。

一起加入救護車的行列，將善匯集成改變的力量，成為最閃耀的光芒！

感謝有你的愛，耶魯愛絲一號正走在改變世界的道路上。

可以看到所有捐贈人姓名
耶魯愛絲一號

【渠成文化】Pretty life 019

打造你的菁彩人生
夢想與勇氣的新創富之旅

作　　者　黃衍菁
圖書策劃　匠心文創
發 行 人　陳錦德
出版總監　柯延婷
執行編輯　蔡青容
封面協力　L.MIU Design
內頁編排　邱惠儀
E-mail　cxwc0801@gmail.com
網　　址　https://www.facebook.com/CXWC0801
總 代 理　旭昇圖書有限公司
地　　址　新北市中和區中山路二段 352 號 2 樓
電　　話　02-2245-1480（代表號）
印　　製　上鎰數位科技印刷
定　　價　新台幣 450 元
初版一刷　2024 年 10 月
初版二刷　2024 年 11 月

ISBN 978-626-98393-5-3

國家圖書館出版品預行編目（CIP）資料

打造你的菁彩人生：夢想與勇氣的新創富之旅 /
黃衍菁著. -- 初版. -- 臺北市 : 匠心文化創意行銷,
2024.10
　面；　公分.
ISBN 978-626-98393-5-3（平裝）

1. CST：黃衍菁 2. CST：自傳
3. CST：保險業 4. CST：職場成功法

783.3886　　113010357